Instagram

optimal nutzen

Christian Immler

Markt+Technik

Gratis-Download
Wenn Sie auf die Buch-Website www.mut.de/0056 gehen, können Sie ein PDF mit weiteren Tipps zu Instagram herunterladen.

ISBN 978-3-98810-056-6

Markt+Technik Verlag GmbH
4., aktualisierte Auflage
Espenpark 1a
90559 Burgthann

Produktmanagement Christian Braun, Burkhardt Lühr
Lektorat, Herstellung Jutta Brunemann
Covergestaltung David Haberkamp
Coverfoto Yasotaro – Adobe Stock
Satz inpunkt[w]o, Wilnsdorf (www.inpunktwo.de)
Druck Himmer GmbH Druckerei & Verlag, Augsburg
Printed in Germany

Inhaltsverzeichnis

1. Instagram installieren

Fotos vom Smartphone in ein soziales Netzwerk hochzuladen, ist nichts Neues mehr. Instagram hat, besonders in der jüngeren Zielgruppe, Facebook den Rang als wichtigstes soziales Netzwerk längst abgelaufen. Auch für die Werbeindustrie wird Instagram immer wichtiger, um bestimmte Zielgruppen anzusprechen.

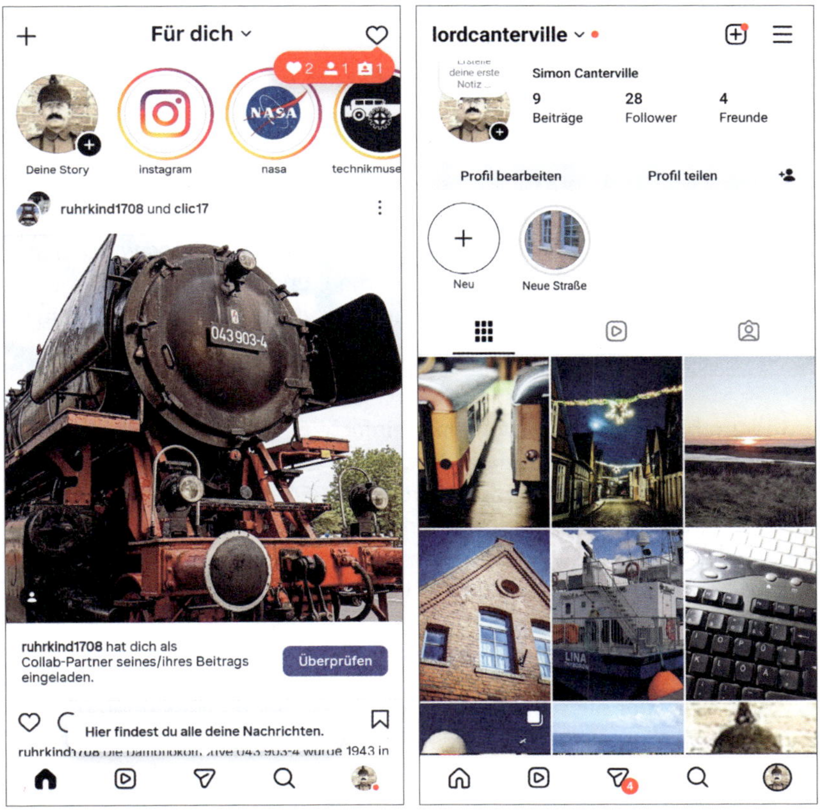

Fotos, Kommentare, Storys – Instagram hat sich vom Bilderportal zum kompletten sozialen Netzwerk entwickelt

Mit Instagram geben Sie dem Bild Stil und veröffentlichen gleich die passende Stimmung mit dazu. Dafür sind jede Menge Farbfilter, Rahmen und Effekte bereits in der App vorgegeben. Weiterhin enthält Instagram eine eigene Kamerafunktion, mit der man direkt fotografieren oder auch nachträglich Effekte auf bereits auf dem Smartphone gespeicherte Fotos legen kann. Gerade die Vielzahl und grafische Qualität dieser Effekte und Filter unterscheidet Instagram von ähnlichen Apps und Netzwerken.

Heute gilt Instagram für viele als wichtigste App, um sich selbst auszudrücken und sich mit Menschen, die ähnliche Interessen haben, zu verbinden. Neue Funktionen wie Storys, Videos, Live-Übertragungen, Chat und eingebaute Shops machen Instagram zu einer All-in-one-Plattform mit allen Funktionen eines sozialen Netzwerks.

Fotografie im Wandel der Zeit

Fotos werden nicht nur für Werbung und Medien, sondern auch für persönliche Erinnerungen und in der Kommunikation zwischen Menschen immer wichtiger. 10 % aller jemals aufgenommenen Fotos wurden in den letzten zwölf Monaten aufgenommen, und heute wird innerhalb von zwei Minuten weltweit mehr fotografiert als im ganzen 19. Jahrhundert zusammen.

Instagram hat es geschafft, von einer einfachen App zum Teilen von Fotos zu einem der wichtigsten sozialen Netzwerke zu werden. Schon früher wurden Urlaubsbilder und schöne Eindrücke als Fotos mit Freunden geteilt. Die rasche Verbreitung von Instagram und die komfortablen Funktionen zur Bildbearbeitung sowie zum Teilen und Kommentieren tragen dazu bei, dass es heute für viele wie selbstverständlich dazugehört, im Urlaub oder vom Essen Fotos zu machen und zu veröffentlichen.

Viele Nutzer sozialer Netzwerke, denen Facebook inzwischen zu belanglos geworden ist oder die sich an den dort zunehmenden Hassreden und sogenannten Trollen, die nahezu jeden Beitrag mit sinnlosen Kommentaren zuspammen, stören, wandern auf Instagram ab, wo eine deutlich positivere Gesamtstimmung herrscht. Qualitativ hochwertige Fotos, die nach wie vor den Schwerpunkt von Instagram bilden, grenzen Instagram wohltuend von anderen sozialen Netzwerken ab.

Wichtige Begriffe für Instagram

Um Instagram richtig zu verstehen, hilft es, einige wenige Begriffe der Fachsprache sozialer Netzwerke zu kennen:

Profil – Jeder Benutzer hat bei Instagram ein Profil, das ein Profilbild sowie beliebige persönliche Informationen zeigt. Diese geben Sie selbst ein, zum Beispiel einen Link auf die eigene Webseite, persönliche Interessen oder einen kurzen Gruß an die Besucher. Auf der Profilseite sind die neuesten Fotos, die Anzahl eigener Beiträge sowie die Zahlen der Abonnenten und abonnierten Seiten zu sehen.

Follower – Nutzer, die einer Person in einem sozialen Netzwerk »folgen«, was bedeutet, deren Bilder und Beiträge automatisch angezeigt zu bekommen. Bei Facebook heißen Follower **Freunde**, bei Instagram **Abonnenten**. Der Begriff **Follower** ist allgemein aber weiter verbreitet. Besonders kommerzielle Nutzer versuchen, möglichst viele Follower zu bekommen. Private Nutzer legen eher Wert darauf, dass ihnen die Freunde aus dem wirklichen Leben folgen und nicht einfach nur möglichst viele Unbekannte.

Post – Beitrag in einem sozialen Netzwerk. Bei Instagram ist das meistens ein Foto mit einer kurzen Beschreibung dazu oder auch mehrere Fotos, die gemeinsam als ein Post veröffentlicht werden.

Feed – Alle eigenen Beiträge (Posts) werden zum persönlichen Nachrichtenfeed zusammengefasst. Hier werden Beiträge eines Profils in chronologischer Reihenfolge angezeigt.

Story – Foto oder kurzes Video, das nach 24 Stunden wieder verschwindet. Bei Storys geht es den meisten darum, die Freunde am eigenen Leben teilhaben zu lassen. Die Qualität der Fotos spielt keine so wichtige Rolle wie bei Posts. Storys werden als runde Symbole oben auf der Startseite von Instagram angezeigt und nicht in der Zeitleiste bei den Beiträgen.

Kommentar – Jeder Nutzer kann jeden Post eines Freundes kommentieren. Wie jedes soziale Netzwerk lebt Instagram von dieser Kommunikation zwischen den Nutzern. Achten Sie auf einen freundlichen Umgangston! Dadurch hebt sich Instagram zurzeit noch von anderen sozialen Netzwerken wie Facebook ab.

Like – Eine kurze Geste, mit der man zeigt, dass einem ein Foto gefällt. Facebook bietet von Anfang an den sogenannten Like-Button mit dem Daumen nach oben, auf Deutsch *Gefällt mir*, an, der mittlerweile zum festen Sprachgebrauch der Internetgeneration, auch im Offlineleben, gehört. Sogar der Duden hat das Verb *liken* aufgenommen. Instagram verwendet ein rotes Herz als Like-Symbol.

Die Geschichte von Instagram

Kevin Systrom und Mike Krieger veröffentlichten im Oktober 2010 die erste Version der Instagram-App, anfangs nur für iOS. Der Durchbruch von Instagram kam im April 2012, als Instagram von einem kaum bekannten Fotodienst zu einem millionenfach genutzten sozialen Netzwerk wurde. Am 3. April 2012 wurde die Android-App veröffentlicht, am 9. April 2012 übernahm Facebook Instagram für einen Kaufpreis von einer Milliarde US-Dollar, deutlich mehr, als je zuvor bei der Übernahme eines Fotonetzwerks bezahlt wurde, obwohl Instagram zu diesem Zeitpunkt gerade einmal 30 Millionen Nutzer hatte.

Im Mai 2016 änderte Instagram sein Logo. Solche Logo-Änderungen wollen gut überlegt sein und wirken sich oft negativ auf die Präsenz der Marke aus. Bei Instagram war das neue Logo der Schlüssel zum Erfolg. Das neue Instagram-Logo verwendet eine Farbkombination, die so noch von keiner anderen Marke verwendet wird, und löst das frühere, sehr altbacken wirkende Logo im Stil eines älteren Fotoapparats ab. Außerdem lässt sich das neue Logo auch in Schwarz-Weiß verwenden und kann so gut neben anderen prägnanten Logos wie etwa von Facebook, WhatsApp oder YouTube stehen, wenn es darum geht, auf einer Webseite die firmeneigenen Social-Media-Kanäle zu verlinken.

Kurz darauf, im Juni 2016 veröffentlichte Instagram eine Änderung, die vielen Nutzern gar nicht behagte. Bisher wurden alle Nachrichten chronologisch angezeigt, die neueste stand am weitesten oben. Der veränderte Instagram-Algorithmus sortierte die Nachrichten nach einem Schema, das vielen Benutzern nie wirklich klar wurde. Instagram selbst sagte dazu: Nutzern werden mit dem neuen Algorithmus weniger Beiträge von unwichtigen Personen angezeigt, und Beiträge von Personen, denen sie folgen, würden nicht mehr so schnell verpasst. Den meisten Nutzern war es aber lieber, alle Beiträge in streng chronologischer Reihenfolge zu sehen. Dieser neue Algorithmus war kurz zuvor bei Facebook eingeführt worden und stieß auch dort auf wenig Gegenliebe bei den Nutzern. Allerdings konnte man bei Facebook auf die chronologische Darstellung zurückschalten, was bei Instagram bis heute nicht möglich ist.

Schon zwei Monate später im August 2016 erfolgte die nächste einschneidende Neuerung, die Instagram Storys. In einer Story können Nutzer Fotos und Videos hochladen und diese auch mit Musik, Stickern und Kommentaren versehen. Storys werden unabhängig von den Instagram-Fotos im eigenen Profil angezeigt und verschwinden nach 24 Stunden automatisch. Die Idee dieser sich selbst zerstörenden Storys kam ursprünglich von Snapchat, einem Messenger, der im Wesentlichen von Jugendlichen verwendet wird, breitete sich aber schnell aus und ist heute wichtiger Bestandteil fast aller sozialen Netzwerke. So bieten unter anderem auch Facebook und WhatsApp Möglichkeiten, solche Storys, manchmal auch als Status bezeichnet, im eigenen Profil für 24 Stunden darzustellen.

Interessante Fakten zu Instagram

Im Dezember 2010, wenige Monate nach der Gründung, hatte Instagram eine Million registrierte Benutzer, im Juni 2018 wurde die Zahl von einer Milliarde monatlich aktiver Nutzer erreicht, die täglich zusammen rund 95 Millionen Beiträge posten. Anfang 2026 hatte Instagram die Zahl von drei Milliarden monatlich aktiver Nutzer erreicht. Damit ist Instagram nach WhatsApp und Facebook das am dritthäufigsten genutzte soziale Netzwerk weltweit.

Jeder dritte Internetnutzer weltweit nutzt auch Instagram. In Deutschland sind etwa 47 Millionen, also mehr als die Hälfte aller Einwohner, auf Instagram aktiv. Die meisten Instagram-Nutzer kommen zurzeit aus Indien (480 Millionen), gefolgt von den USA (182 Millionen) und Brasilien (147 Millionen). Eine Statistik von ARD/ZDF aus dem Jahr 2025 sieht Instagram als das am meisten genutzte soziale Netzwerk in Deutschland. Nach wesentlich glaubwürdigeren Zahlen von Statista lag WhatsApp im gleichen Zeitraum auf Platz 1. 60 % aller Instagram-Nutzer sind jünger als 35 Jahre.

Verschiedene Webseiten veröffentlichen Monatsstatistiken zu Downloadzahlen im Google Play Store, die allerdings nur bedingt aussagekräftig sind. Hier tauchen oft mehr oder weniger populäre Spiele auf, die im untersuchten Monat ein Update erhalten haben und deshalb extrem oft heruntergeladen wurden. Download-Statistiken für das ganze Jahr sind wesentlich aussagekräftiger. Dort wirkt sich der Massendownload eines Spiels innerhalb weniger Tage kaum aus. Verschiedene Anbieter liefern solche Statistiken, bei denen Instagram immer unter den ersten fünf Apps liegt, zusammen mit TikTok, WhatsApp, Facebook und ChatGPT. Allerdings gibt es zurzeit keine offizielle Download-Statistik von Google.

Android oder iOS

Dieses Buch beschreibt Instagram für Android 15 und 16. Die Screenshots wurden alle mit dem Original-Android ohne herstellerspezifische Benutzeroberflächen gemacht. In einigen Fällen kann es kleine Unterschiede zu älteren Android-Versionen oder Geräteoberflächen, zum Beispiel auf Samsung-Smartphones, geben, die aber kaum auffallen. iPhone-Nutzer finden in den Kästen **So geht's auf dem iPhone** nützliche Hinweise zur iOS-Version von Instagram. Die App sieht im Gegensatz zu vielen anderen Apps, die für beide Betriebssysteme verfügbar sind, weitgehend gleich aus und verhält sich auch gleich. Allerdings lässt sich die iOS-Version betriebssystembedingt an einigen Stellen anders bedienen. Besonders bei reinen Systemfunktionen außerhalb der eigentlichen App, zum Beispiel bei der Bildschirmtastatur oder beim Teilen von Fotos aus anderen Apps heraus, gibt es Unterschiede. In der offiziellen Statistik des Apple App Store für Deutschland tauchte Instagram Anfang Februar 2026 – warum auch immer – nicht auf.

Die Installation

Die Installation von Instagram ist sehr einfach, was auch zum Erfolg der App beigetragen hat.

Suchen Sie die App *Instagram* im Store auf Ihrem Smartphone oder besuchen

Sie die Seite instagram.com im Browser auf dem Smartphone. Sie können auch den abgebildeten QR-Code verwenden. Sie kommen dann automatisch auf eine zum verwendeten Smartphone-Betriebssystem passende Seite mit einem Link zum jeweiligen Store.

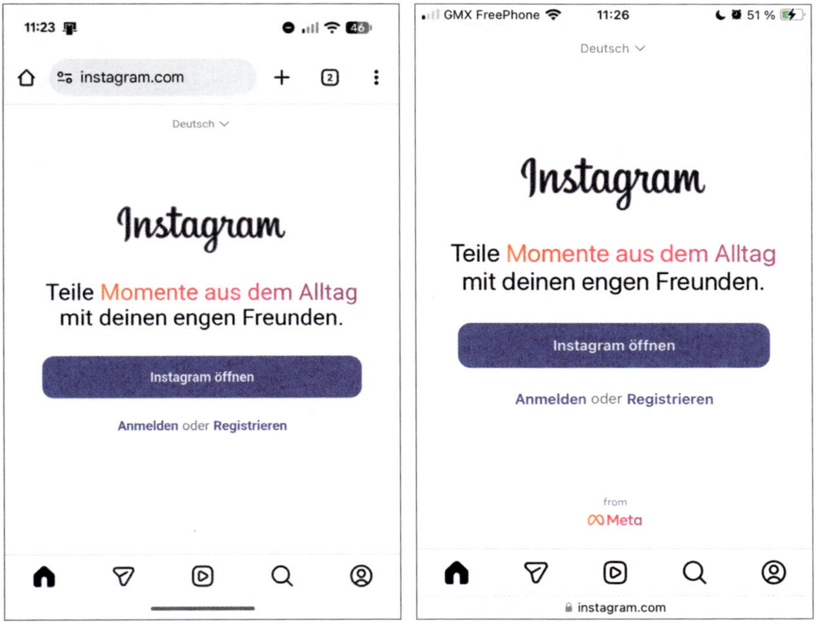

Die mobile Instagram-Seite verlinkt direkt in den passenden App Store, links: Android, rechts: iOS

Im Store brauchen Sie nur noch auf *Installieren* bzw. *Laden* zu tippen.

Welche Smartphones werden unterstützt?

Nach aktuellen Studien hält Android mit einem Marktanteil von rund 70–90 %, je nach Statistik, die Spitze unter den Smartphone-Betriebssystemen weltweit. Apple hat mit iOS fast den ganzen Rest. Damit verfügen diese beiden Hersteller über eine Marktpräsenz von nahezu 100 %.

Instagram unterstützt so gut wie jedes Android-Gerät. Selbst auf sehr alten Android-Versionen – bis Version 5.2 aus dem Jahr 2015 – läuft die Instagram-App noch, allerdings unterscheidet sich die Benutzeroberfläche, da die letzten Updates nicht auf alten Betriebssystemversionen installiert werden. Die iOS-Version von Instagram benötigt mindestens iOS 16.3 aus dem Jahr 2022 oder neuer.

Kein Google Play Store

In Kapitel 8 im Abschnitt »Instagram auf Android-Smartphones ohne Google Play Store« finden Sie Installationshinweise für solche Geräte. Dies betrifft insbesondere die Generationen von Huawei-Smartphones, die vom US-Embargo betroffen sind, Geräte kleinerer chinesischer Hersteller sowie auch Tablets der Amazon-Fire-Serie. Huawei bietet für alle seine Smartphones in der hauseigenen AppGallery die Instagram-App zum Download an.

Der Google Play Store

Auf fast allen Android-Smartphones ist der Google Play Store vorinstalliert. Hier finden Sie die App *Instagram* kostenlos zum Download.

Google-Konto

Der Google Play Store erfordert eine Anmeldung mit einem Google-Konto. Falls Sie bei der Einrichtung Ihres Smartphones kein Google-Konto angegeben haben, müssen Sie dies spätestens tun, wenn Sie den Google Play Store nutzen wollen.

1. Suchen Sie Instagram über das Suchfeld oben im Google Play Store oder tippen Sie einfach auf die Liste *Top-Charts*. Hier steht Instagram meistens ziemlich weit oben.
2. Tippen Sie auf *Installieren*, wird Instagram heruntergeladen und automatisch auf dem Smartphone installiert. Der Malware-Schutz *Google Play Protect* überprüft den Download automatisch.

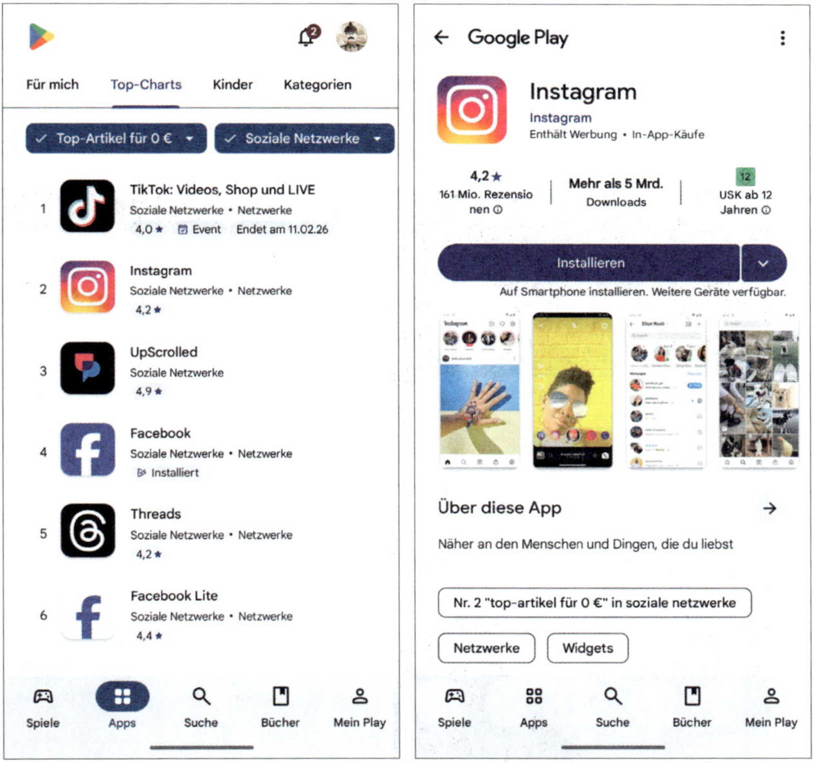

Instagram aus dem Google Play Store installieren

Vorsicht Fake-Apps

Unter dem Suchbegriff *Instagram* fanden sich lange Zeit auch diverse Apps, die nicht Instagram sind, sondern nur von diesem erfolgreichen Namen profitieren wollen. Achten Sie darauf, wirklich nur das Original herunterzuladen. Google hat hier nachgebessert und zeigt bei der Suche nach sehr bekannten Apps keine Liste mit Suchergebnissen mehr an, sondern führt direkt zur gewünschten App. Allerdings wird oft oberhalb des Suchergebnisses noch für eine andere App geworben. Diese Werbung ist als Anzeige gekennzeichnet, was von vielen Nutzern aber gern übersehen wird.

3. Nach der Installation wird je nach Einstellung auf dem Smartphone ein Instagram-Symbol auf dem Startbildschirm angelegt, das Sie an eine beliebige Stelle verschieben können. Tippen Sie darauf, um Instagram zu starten. Wer es gar nicht abwarten kann, kann Instagram auch direkt aus dem Google Play Store starten.

Instagram auf dem Startbildschirm oder vom App-Bildschirm starten

+++ SO GEHT'S AUF DEM IPHONE +++

Instagram wird aus dem App Store installiert. Die Warnung vor Fake-Apps gilt hier noch mehr als bei Google, da sich Apps im App Store durch bezahlte Werbung in den Suchergebnissen nach vorn drängen können. Auch im App Store ist das Original Instagram einfach über die Top-Liste der Gratis-Apps zu finden.

Der erste Start

Beim ersten Start von Instagram legen Sie ein Profil an, damit Sie Fotos hochladen und kommentieren können. Sie können sich auch einfach mit Ihrem Facebook-Konto anmelden, dann brauchen Sie sich keinen Benutzernamen und kein Passwort zu merken. Haben Sie bereits ein Instagram-Benutzerkonto mit Benutzernamen und Passwort, können Sie dieses direkt auf dem Startbildschirm von Instagram anmelden.

Neues Instagram-Profil anlegen

Findet die Instagram-App kein Benutzerprofil auf dem Smartphone, wird automatisch vorgeschlagen, ein neues Instagram-Profil anzulegen:

1. Geben Sie als Erstes die E-Mail-Adresse ein, mit der Sie das neue Instagram-Konto registrieren möchten. Alternativ können Sie sich auch mit einer Handynummer registrieren. An diese E-Mail-Adresse oder Telefonnummer wird anschließend ein Bestätigungscode gesendet, den Sie in der App eingeben müssen.

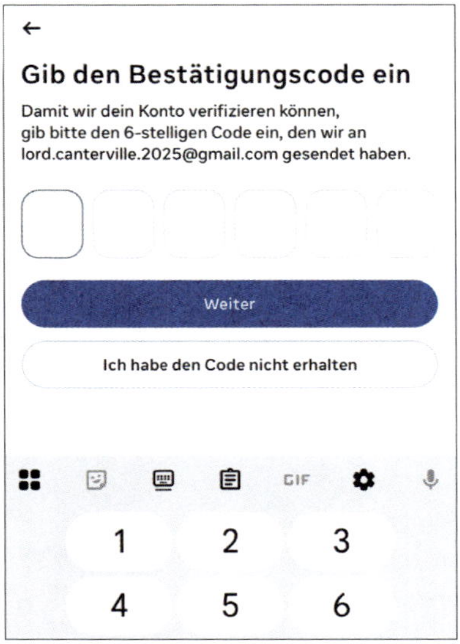

Neues Instagram-Konto mit einer E-Mail-Adresse anmelden

2. Dieser Bestätigungscode ist kein Passwort. Nach der Eingabe legen Sie ein eigenes Passwort an, das mindestens sechs Zeichen lang sein muss. Setzen Sie das Häkchen bei *Login-Informationen merken*, um das Passwort nicht jedes Mal beim Start der Instagram-App eingeben zu müssen. Sie brauchen es dann nur noch, um sich auf einem anderen Gerät anzumelden. Also: Merken müssen Sie es sich trotzdem.
3. Da Instagram in der EU – zumindest offiziell – einer Altersbegrenzung unterliegt, müssen Sie danach noch Ihr Geburtsdatum eintragen.
4. Denken Sie sich dann einen Namen aus, unter dem Sie bei Instagram für Ihre Follower zu sehen sind. Dieser kann durchaus schon ein zweites Mal bei Instagram bekannt sein. Entscheidend ist der danach auszuwählende Benutzername. Dieser muss eindeutig sein. Da viele beliebte Benutzernamen bereits vergeben sind, schlägt Instagram selbst Alternativen vor. Oftmals reicht es, irgendwo im Namen ein Sonderzeichen einzugeben oder eine Zahl anzuhängen, um einen noch nicht vergebenen Benutzernamen zu finden. Leerzeichen im Benutzernamen sind nicht zulässig.

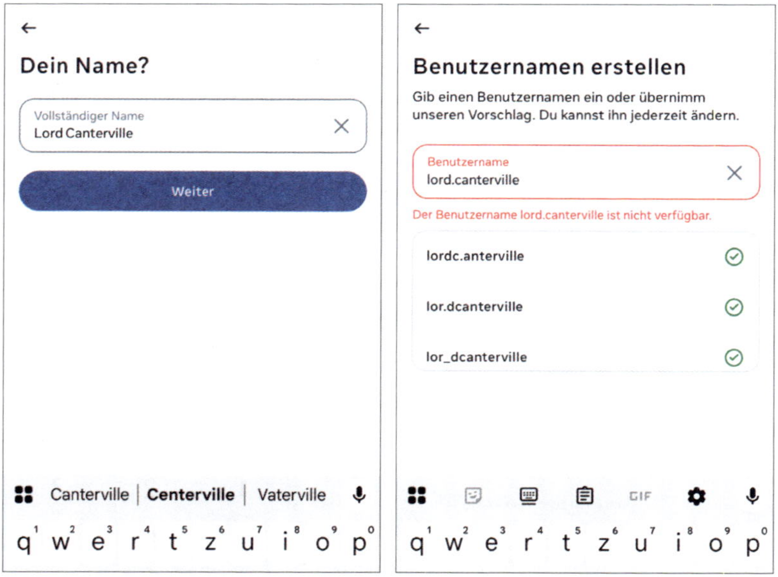

Namen und Benutzernamen wählen

5. Nach der obligatorischen Zustimmung zu den Nutzungsbedingungen legen Sie noch ein Profilbild fest, damit Ihre Freunde Sie auch erkennen. Hier können Sie direkt ein Bild fotografieren oder ein vorhandenes Foto auswählen und als Profilbild nutzen.

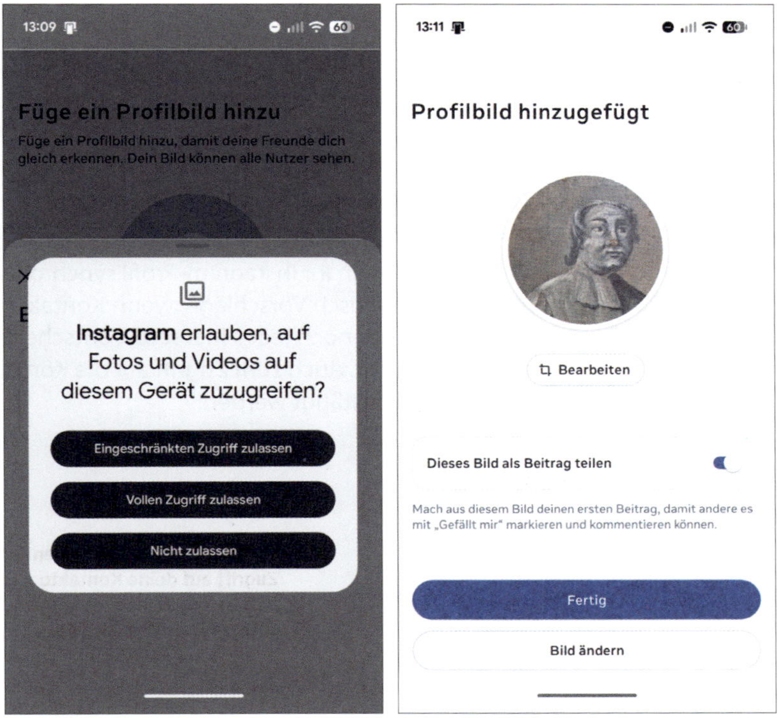

Systemberechtigung akzeptieren und Profilbild auswählen

Systemberechtigungen akzeptieren

In Android ist es möglich, bestimmte Berechtigungen von Apps einzuschränken. Ob die Apps ohne die jeweiligen Berechtigungen noch sinnvolle Arbeit leisten, bleibt dem Nutzer überlassen. Apps zeigen bei der ersten Verwendung Abfragen an, bei denen man die notwendigen Berechtigungen gewähren muss, um die entsprechenden Aktionen der

App ausführen zu können. Lassen Sie die Zugriffe auf Fotos, Medien und Kontakte und alle weiteren geforderten Berechtigungen in den nun folgenden Systemmeldungen zu, damit Instagram funktioniert. Ohne Zugriff auf die Fotos hat die Instagram-App überhaupt keinen Sinn.

6. Suchen Sie in der Galerie das gewünschte Bild aus. Tippen Sie auf *Bearbeiten* und legen Sie durch Ziehen auf dem Bildschirm einen Ausschnitt fest, der als Profilfoto verwendet werden soll. Tippen Sie dann oben rechts auf *Fertig*.
7. Jetzt kann das neue Profilbild gleich als Beitrag geteilt werden.
8. Im nächsten Schritt können Sie die auf dem Smartphone oder im Google-Konto gespeicherten Kontakte in Ihr Instagram-Profil synchronisieren und bekommen dann automatisch Vorschläge, wenn Kontakte Instagram nutzen. Sie können immer noch jedes Mal selbst entscheiden, einem Kontakt zu folgen oder nicht. Auch zum Zugriff auf die Kontakte muss eine Systemberechtigung bestätigt werden.

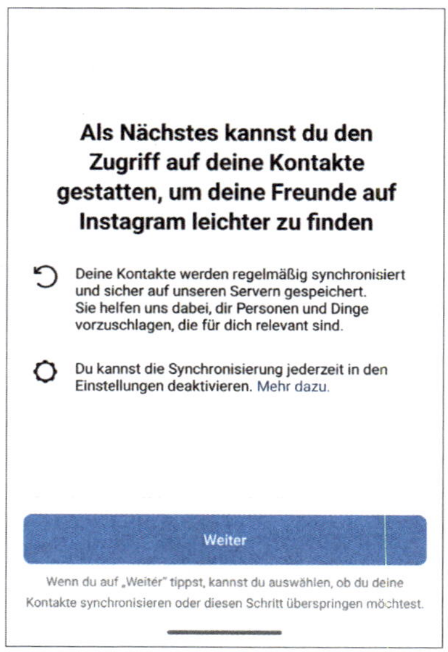

Kontakte mit dem Instagram-Profil synchronisieren

9. Wenn Sie auf dem Smartphone bei Facebook angemeldet sind, können Sie Personen auf Instagram finden, mit denen Sie auf Facebook befreundet sind.
10. Legen Sie anschließend fest, ob die Instagram-App Sie bei eingehenden Nachrichten oder anderen Ereignissen benachrichtigen darf. Später können Sie in der App noch festlegen, welche Benachrichtigungen erscheinen sollen und welche nicht. Aber ohne die Berechtigung im System funktionieren die Benachrichtigungen gar nicht.

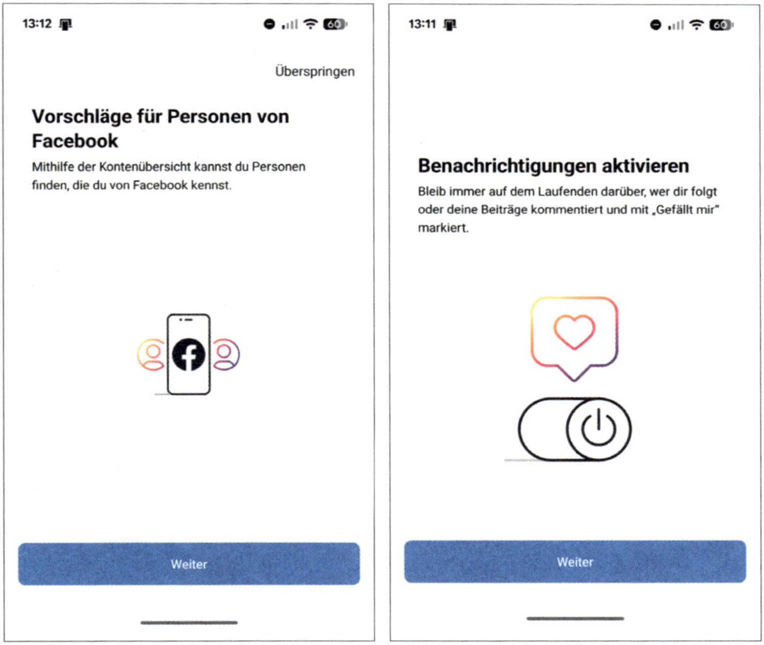

Facebook-Kontakte suchen und Benachrichtigungen aktivieren

11. Sie können noch eine Handynummer mit Ihrem Instagram-Profil verbinden, was aber nicht unbedingt notwendig ist.
12. Instagram lebt davon, dass Benutzern möglichst gut zu ihren Interessen passende Beiträge angezeigt werden. Diese Auswahl wird im Laufe der Nutzung ständig optimiert. Für den ersten Start werden Profile angezeigt, denen Sie folgen können. Dabei handelt es sich sowohl um

sehr reichweitenstarke Profile wie auch um gekaufte Vorschläge, etwa von Politikern. Auch eigene Kontakte werden hier vorgeschlagen. Wählen Sie einige davon aus, um Instagram an Ihre Interessen anzupassen.

13. Zusätzlich zu den Kontakten werden auch ein paar Instagram-Profile mit verschiedenen Themen beispielhaft vorgeschlagen. Hier können Sie bei jedem Vorschlag wählen, ob Sie ihn nicht mögen, also weniger wie diesen angezeigt bekommen möchten, oder ob er Ihnen gefällt und Sie Ähnliches öfter sehen möchten.

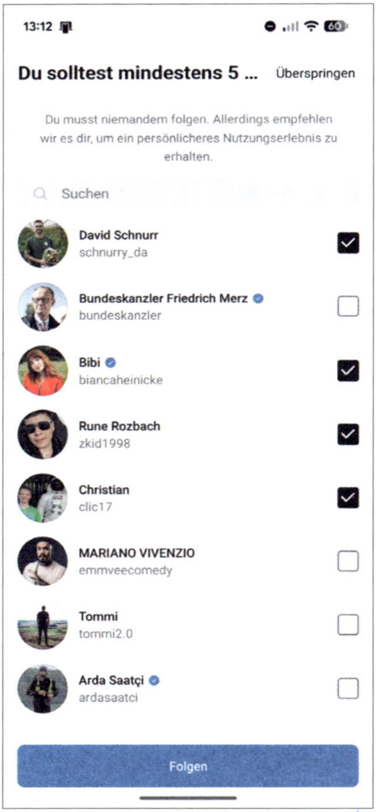

Profile und Themen zur Personalisierung von Instagram

14. Nachdem diese Schritte abgeschlossen sind, zeigt Instagram das neue eigene Benutzerprofil an und macht gleich weitere Vorschläge, wem Sie folgen könnten. Dies sind meist eigene Kontakte oder Profile, denen eigene Freunde ebenfalls folgen. Hier brauchen Sie zunächst nichts weiter zu tun und können jetzt anfangen, auf Instagram Bilder und Videos zu suchen und anzusehen.

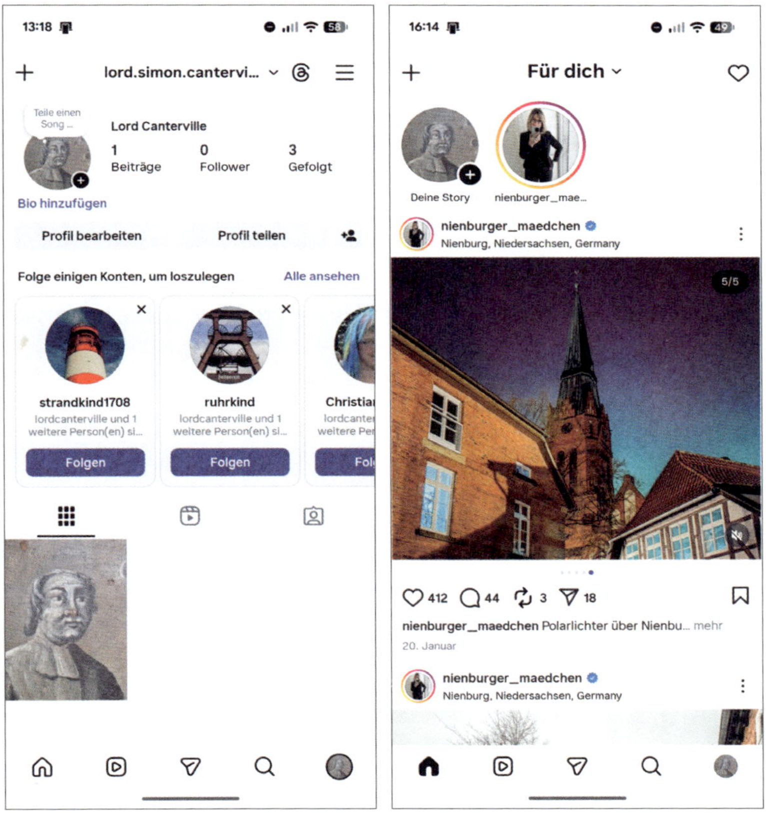

Der erste Start mit dem eigenen Instagram-Profil

Anmelden mit Facebook

Seit Instagram wie Facebook zu Meta gehört, ist die Anmeldung mit einem Facebook-Konto ganz einfach.

1. Sind Sie auf dem Smartphone bereits bei Facebook angemeldet, wird dieses Konto zur Anmeldung vorgeschlagen. Sie brauchen nur noch auf den blauen Button mit dem Facebook-Namen zu tippen.
2. Auf der Basis des Facebook-Namens wird automatisch ein Benutzername für Instagram vorgeschlagen. Diesen können Sie übernehmen oder auch einen anderen Benutzernamen wählen. Instagram-Benutzernamen dürfen nur aus einem Wort bestehen und müssen weltweit einmalig sein, während Facebook Realnamen aus einer Kombination von Vorname und Nachname nutzen kann, die es auf der Welt durchaus auch mehrfach geben kann.
3. Die weiteren Schritte sind weitgehend gleich wie beim Anlegen eines neuen Kontos. Auch hier wählen Sie ein Profilbild sowie Interessen und können dann mit Instagram starten.

2. Fotos und Videos suchen, finden und betrachten

Instagram lebt von den Fotos, die private wie auch kommerzielle Nutzer dort veröffentlichen. Fast jeder Instagram-Nutzer veröffentlicht eigene Fotos, manche nutzen Instagram aber mehr dazu, sich von den dort gezeigten Fotos inspirieren zu lassen. Mittlerweile zeigt Instagram auf der Startseite und in den Suchergebnissen kaum noch Fotos, sondern immer mehr Kurzvideos an.

Die wichtigsten Elemente der Benutzeroberfläche

Die Benutzeroberfläche von Instagram ist zwar weitestgehend intuitiv nutzbar, enthält aber viele Elemente, die man kennen sollte. Die Instagram-App hat je nach App-Version sieben bis neun wichtige Bildschirme, zwischen denen man mit den Symbolen oben in den Ecken und unten in der Symbolleiste sowie über Wischgesten hin und her schaltet. Eine Wischbewegung nach rechts auf dem Startbildschirm schaltet auf die Instagram-Kamera um, eine eigene Kamerafunktion innerhalb der Instagram-App, mit der man schnell ein Foto aufnehmen und posten kann. Natürlich können Sie auch Fotos aus der normalen Kamera-App auf Instagram veröffentlichen.

Dieses Symbol steht für Nachrichten an Freunde auf Instagram, früher auch als Direct-Nachrichten bezeichnet. Es taucht in der App immer wieder an verschiedenen Stellen auf. Unterhalb eines Beitrags können Sie diesen damit als Nachricht an eine beliebige Person aus der Kontaktliste weiterleiten.

Wischen statt tippen

Eine horizontale Wischbewegung auf dem Bildschirm wechselt schnell zwischen dem Hauptbildschirm, Reels, Nachrichten, Suche und Profil. Diese Bildschirme lassen sich auch über die Symbole am unteren Bildschirmrand aufrufen.

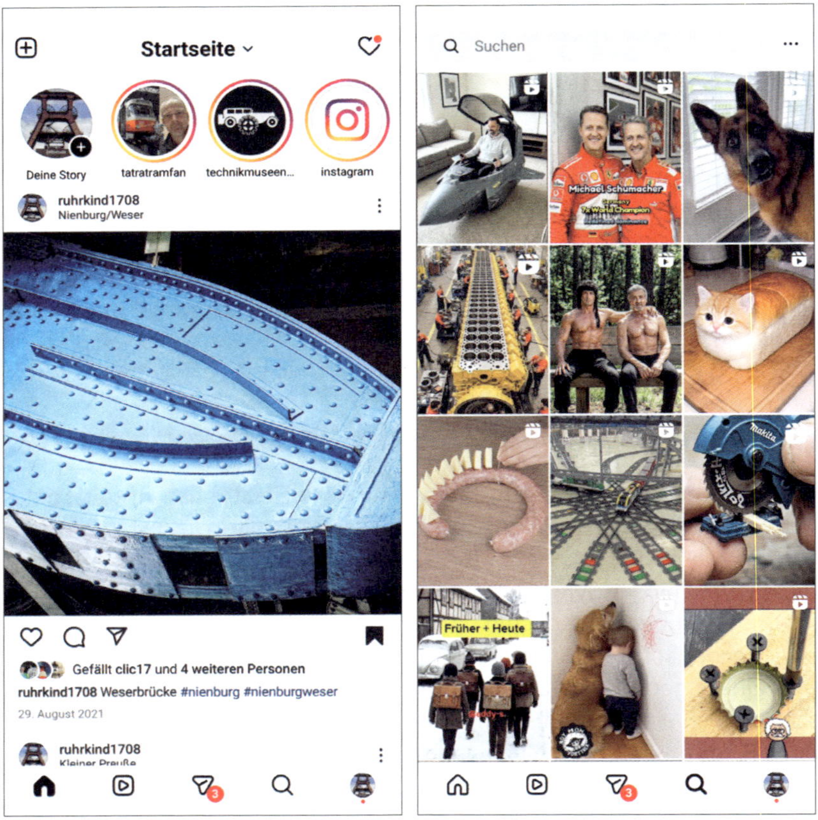

Startbildschirm und Suche auf Instagram

Die Symbole am oberen Bildschirmrand zeigen Profile, die neue Storys veröffentlicht haben. Tippen Sie auf eines der Symbole, um die Story des Benutzers zu sehen. Tippen Sie ganz links auf Ihr eigenes Profilbild, um selbst eine Story zu veröffentlichen.

Die Symbole in der Instagram-App

Das Haussymbol bringt Sie jederzeit zurück zum Startbildschirm, auf dem die aktuellen Fotos und Videos der Freunde und abonnierten Profile sowie vorgeschlagene Beiträge in einer Timeline (auf Deutsch: Zeitleiste) zu sehen sind. Wischen Sie nach oben, um ältere Fotos zu sehen.

Das Videosymbol zeigt Instagram-Reels, kurze Videos, die anhand Ihrer Interessen automatisch vorgeschlagen werden. Mit einer senkrechten Wischbewegung blättern Sie zwischen den Videos.

Das Lupensymbol führt zur Suchseite von Instagram, wo Sie nach Stichwörtern, Profilen oder Hashtags suchen können. Hier werden Fotos angezeigt, die Instagram automatisch anhand der persönlichen Interessen vorschlägt.

Über das Plussymbol oben links veröffentlichen Sie eigene Fotos aus der Galerie auf Instagram.

Das Herzsymbol oben rechts zeigt aktuelle Aktivitäten, unter anderem Kommentare anderer Benutzer zu den eigenen Beiträgen, Personen, die Ihnen jetzt folgen, oder auch Vorschläge für Profile, denen Sie folgen könnten, etwa eigene Kontakte oder Profile mit ähnlichen Interessen.

Das Profilbild unten rechts führt zum eigenen Profil. Hier sehen Sie eine Übersicht Ihrer veröffentlichten Fotos, die Zahlen der Abonnenten und abonnierten Profile sowie den eigenen Steckbrief. Hier können Sie Ihr Profil auch bearbeiten.

Der rote Punkt

Ein roter Punkt bei einem der Symbole zeigt an, dass es in diesem Bereich neue Nachrichten gibt.

Fotos und Videos suchen

Suchen Sie Bilder oder Videos zu bestimmten Themen, bietet die Suche auf Instagram viele Möglichkeiten. Tippen Sie oben im Suchfeld den gesuchten Begriff oder Ort ein. Die Leiste unterhalb des Suchfelds zeigt Kategorien. Hier können Sie gezielt nach Konten, Markierungen (Hashtags) oder Orten suchen.

Berühren Sie das Suchfeld, wird automatisch die Bildschirmtastatur eingeblendet. Beim Eintippen eines Suchbegriffs werden bereits passende Profile angezeigt. Je mehr Buchstaben Sie tippen, desto genauer werden die Vorschläge.

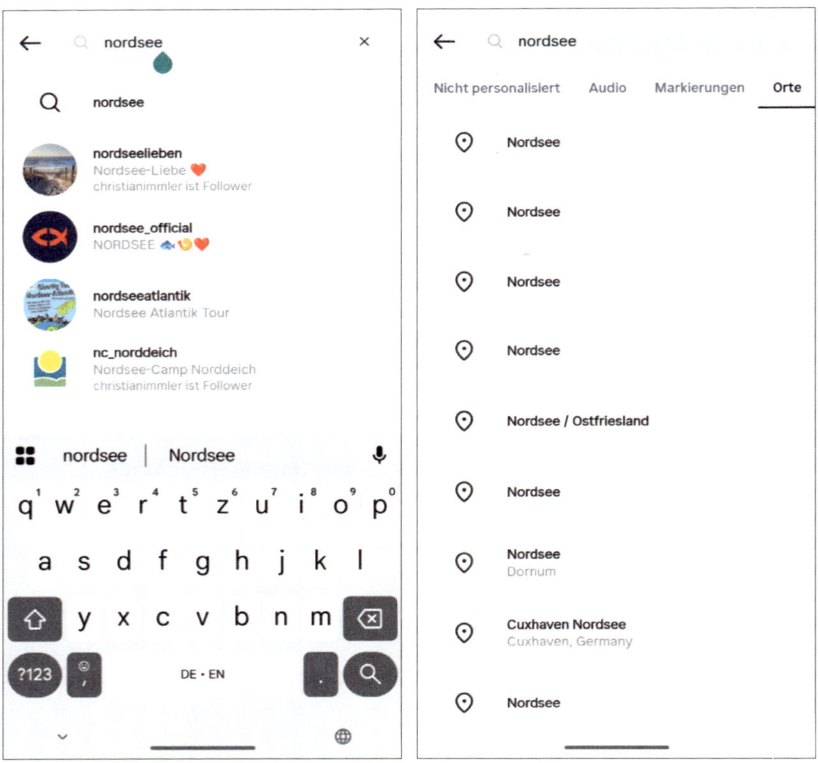

Links: Suchbegriffe eingeben, rechts: Suche nach Orten

Profilen folgen

Wie auf Facebook und anderen sozialen Netzwerken können Sie auch auf Instagram bestimmten Profilen folgen und sehen so immer deren neueste Fotos und Videos auf dem Instagram-Startbildschirm.

Tippen Sie in den Suchergebnissen auf ein Profil, um dieses anzuzeigen. Auf der Profilseite sehen Sie auch die neuesten Fotos und Videos dieses Profils. Jetzt brauchen Sie nur noch auf *Folgen* zu tippen, um dieses Profil zu abonnieren.

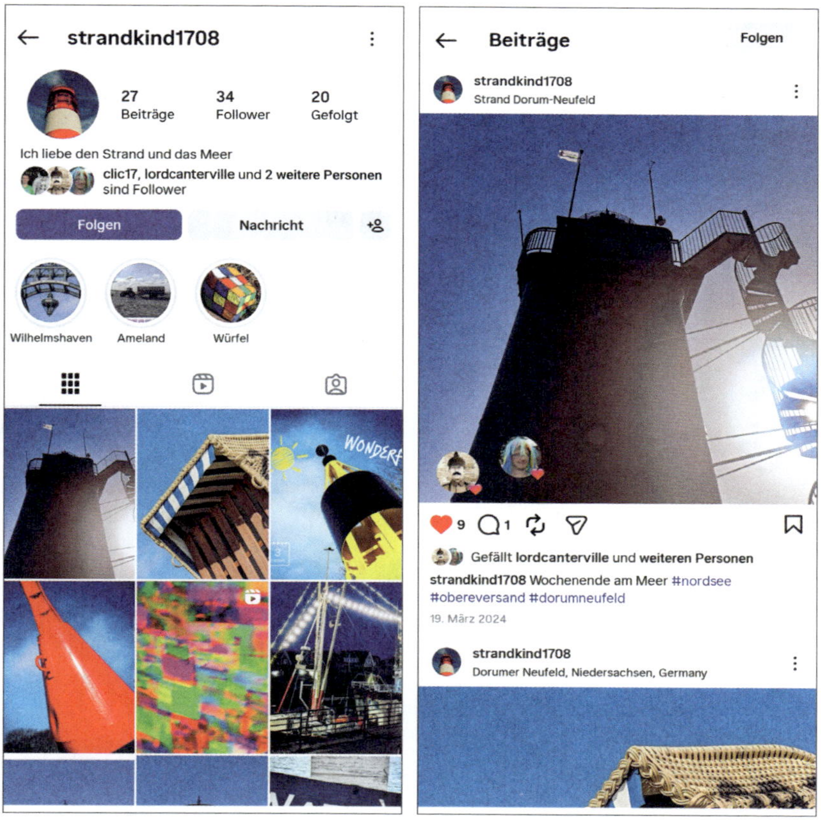

Einem Profil folgen

Haben Sie ein schönes Bild gefunden, tippen Sie auf den Namen des Profils oberhalb des Bildes. Auch jetzt sehen Sie das Profil und können es abonnieren.

In der Liste der eigenen Follower werden die Profile, denen Sie schon folgen, als *Gefolgt* angezeigt. Sehen Sie sich ein Profil an, das Ihnen bereits folgt, also ein eigener Follower ist, erscheint auf dem *Folgen*-Button der Text *Auch folgen*.

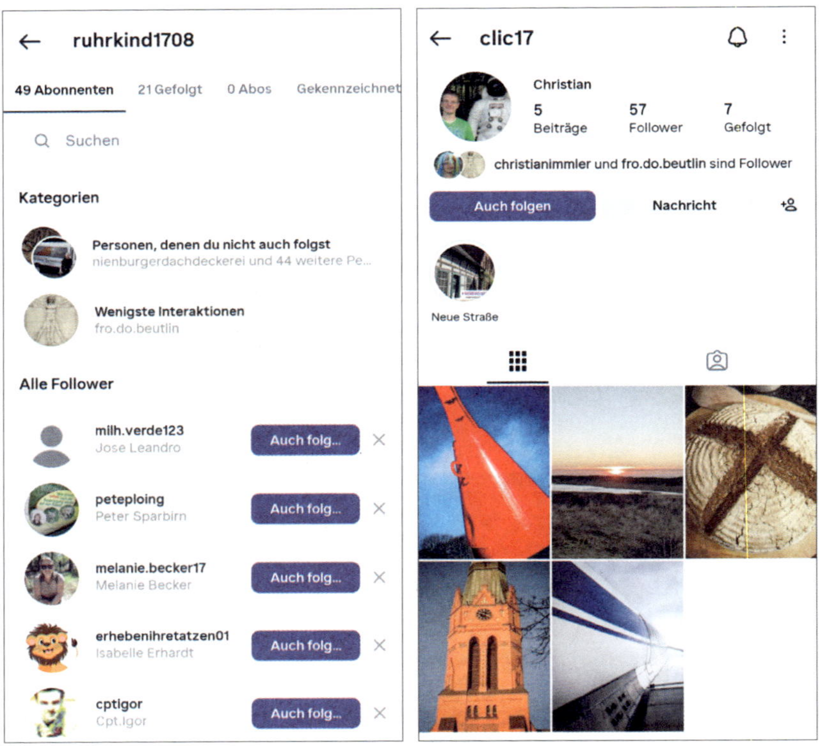

Einem Follower ebenfalls folgen

Nachdem Sie bei einem Profil auf *Folgen* getippt haben, schlägt Instagram automatisch weitere Profile vor, die ähnliche Bilder veröffentlichen und daher interessant sein könnten.

Die beliebtesten Instagram-Profile und Fotos

Menschen begeistern sich für Rekorde. So scheinen auch einige Instagram-Profile einzig und allein das Ziel zu verfolgen, möglichst weit oben in der Liste der Profile mit den meisten Followern zu stehen. Das Profil, das seit dem Instagram-Start die meisten Follower hat, ist das Firmenkonto von Instagram selbst *@instagram* mit zurzeit 690 Millionen Followern. Danach folgt der Fußballspieler Cristiano Ronaldo *@cristiano* als meistgefolgter Mensch mit 670 Millionen Followern. Verschiedene Musiker und selbst ernannte Promis nutzen Instagram-Profile, um Aufmerksamkeit zu erregen. Wahrscheinlich verfolgen auch hier viele das Ziel, in der Liste ganz vorn zu stehen, um damit auch in anderen Medien bekannt zu werden.

Das Unternehmensprofil mit den meisten Followern nach Instagram selbst ist das Magazin »National Geographic« *@natgeo* mit 276 Millionen Followern, das auf Instagram durch besonders schöne Naturfotografien punktet. Dieses Profil ist gleichzeitig auch das Instagram-Profil mit den meisten Followern, das nicht einem Fußballer oder einer Musikerin gehört.

Das Foto mit den meisten Likes ist ein einfaches braunes Hühnerei. Nachdem es veröffentlicht wurde, gingen viele Gerüchte um die Welt, was es mit diesem Foto auf sich haben könnte. Es war das erste Bild eines anonym angelegten neuen Instagram-Profils *@world_record_egg*. In der Bildunterschrift stand: *»Let's set a world record together and get the most liked post on Instagram. Beating the current world record held by Kylie Jenner (18 million)! We got this.«* (Lasst uns zusammen einen Weltrekord aufstellen und die meisten Likes für ein Bild auf Instagram bekommen. Es soll den gegenwärtigen Weltrekord von Kylie Jenner (18 Millionen) schlagen! Wir schaffen das.) Das deutet darauf hin, dass dieses Foto ganz gezielt veröffentlicht wurde, um den bis dahin bestehenden Weltrekord der TV-Schauspielerin Kylie Jenner mit 18 Millionen Likes für ein einzelnes Foto zu schlagen.

Das Projekt ging auf, bereits nach zehn Tagen war der Weltrekord gebrochen. Einige Wochen später hatte das Ei über 50 Millionen Likes und ist damit bis heute (60,4 Millionen Likes) mit großem Abstand das erfolgreichste Foto, nicht nur auf Instagram, sondern auf allen Social-Media-Plattformen. Erst etwa einen Monat nach Veröffentlichung des Bildes gab die New York

Times den Namen des Urhebers, Chris Godfrey, eines britischen Werbefachmanns, bekannt.

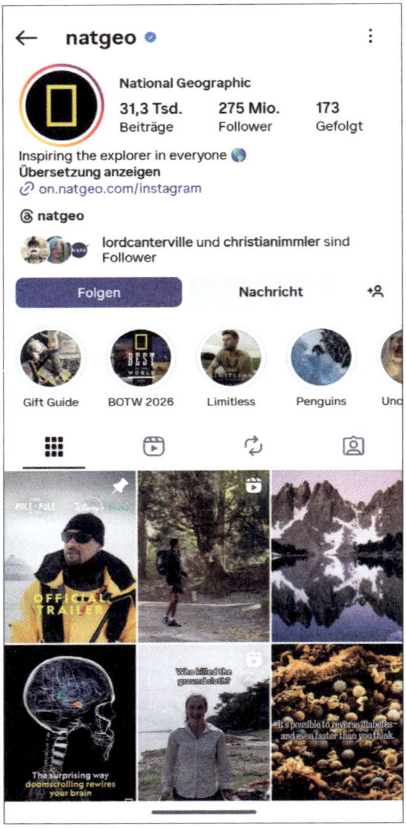

Das beliebte Instagram-Profil @natgeo und das Weltrekord-Ei @world_record_egg

Hashtags

Hashtags – auf Deutsch »Markierungen« – sind Themen, die bestimmte Bilder kennzeichnen. Hashtags sind eine der wichtigsten Komponenten bei der Thematisierung von Fotos auf Instagram. Beim Veröffentlichen eines Bildes empfiehlt es sich immer, solche Hashtags zu vergeben, um Bilder für andere, die das eigene Profil nicht abonniert haben, leichter auffindbar zu machen.

Suchen Sie im Suchfeld von Instagram nach einem Hashtag, geben Sie dazu das Zeichen **#** gefolgt vom gewünschten Suchbegriff ein. Bereits während der Eingabe werden beliebte Hashtags mit den eingegebenen Buchstaben vorgeschlagen. Tippen Sie auf einen Hashtag in der Liste, werden Bilder angezeigt, die mit diesem Hashtag versehen sind. Im Bereich *Markierungen* der Suchseite finden Sie weitere passende Hashtags.

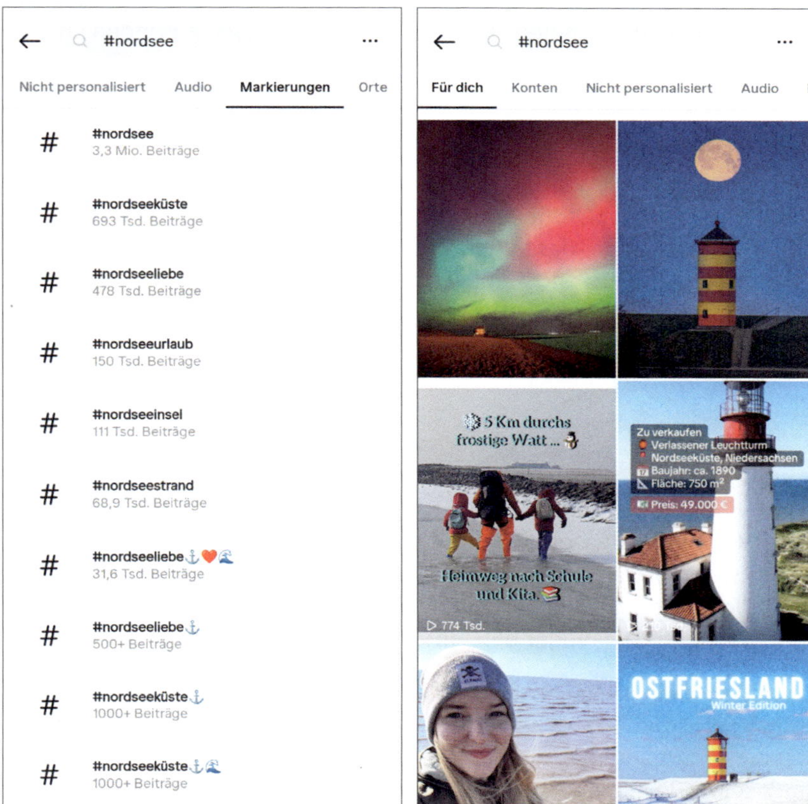

Hashtags suchen

Hashtags stehen im Klartext in den Beschreibungen von Fotos. Es gibt kein spezielles Eingabefeld dafür. Instagram baut daraus automatisch Links. Sie können also in der Beschreibung eines Bildes einfach auf einen Hashtag tippen und bekommen passende Bilder angezeigt.

Theoretisch können Sie beim Veröffentlichen eines Fotos beliebige Hashtags erfinden, was allerdings keinen Sinn ergibt, da andere nur nach beliebten Hashtags suchen. Firmen oder Organisationen erfinden manchmal eigene Hashtags für ihre Werbung, die nicht unbedingt etwas mit dem Firmennamen zu tun haben müssen. Über solche Hashtags lassen sich Werbekampagnen steuern, indem man versucht, Instagram-Nutzer dazu zu überreden, den eigenen Hashtag in ihren Bildbeschreibungen zu nutzen. Damit lässt sich später die Reichweite einer Kampagne ermitteln.

Hashtags oder Ordner

Einige – besonders ältere – Software und Apps zur Verwaltung von Fotos verwenden Ordnerstrukturen, um Bilder zu sortieren. Hashtags haben den Vorteil, dass unter einem Hashtag viele Bilder zu finden sind, jedes Bild aber auch mehrere Hashtags haben kann. Ein Ordner kann zwar viele Bilder enthalten, aber jedes Bild kann nur in einem einzigen Ordner liegen.

Fotos nach Orten finden

Beim Veröffentlichen eines Fotos sollte immer der Aufnahmeort angegeben werden. Da viele Instagram-Nutzer ihre Heimat lieben oder einen besonderen Bezug zu bestimmten Orten haben, werden Fotos mit Ortsangaben deutlich häufiger betrachtet als solche ohne.

Jedes Foto kann im Gegensatz zu mehreren Hashtags nur eine Ortsangabe enthalten. Dabei liegt es an der Person, die das Bild veröffentlicht, wie genau dieser Ort angegeben wird. Die Ortsangabe kann ein Land oder eine Stadt sein, oder auch wesentlich genauer, eine Sehenswürdigkeit oder ein Laden. Tippen Sie auf der Suchseite unter *Orte* auf ein Suchergebnis mit einem Ort, erscheint ein Kartenausschnitt, der die Lage dieses Ortes anzeigt.

Auf einer nach oben und unten verschiebbaren Palette sind Bilder dieses Ortes zu sehen. Verändern Sie durch Wischen oder Zoomen den Kartenausschnitt, erscheinen weitere Orte, die Sie direkt antippen können, um Bilder zu sehen.

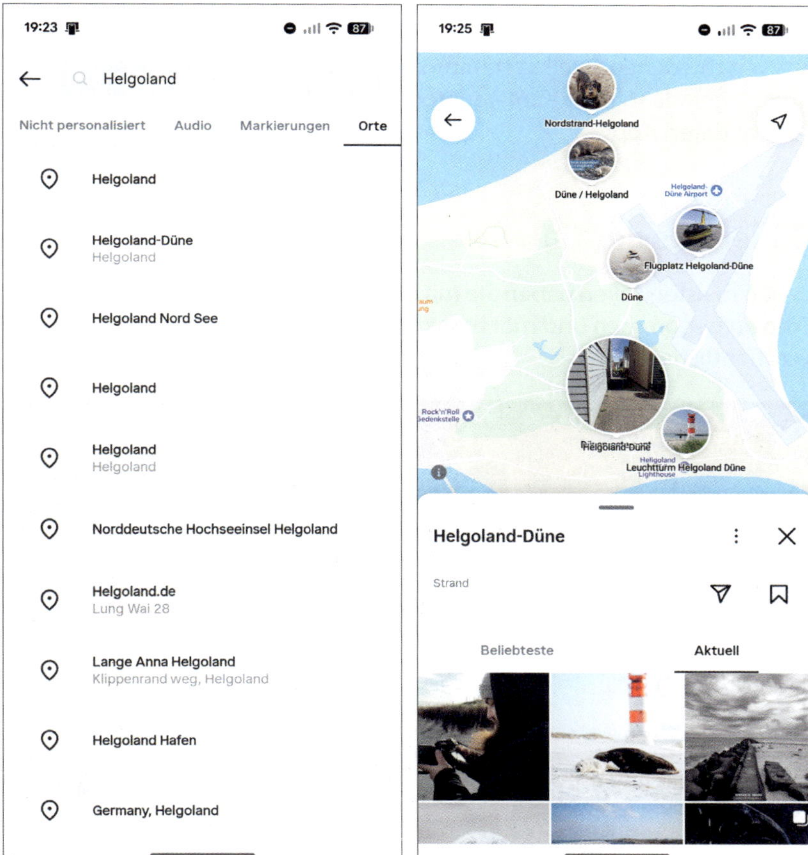

Orte auf Instagram suchen

3. Eigene Bilder veröffentlichen

Das Wichtigste bei Instagram – und was auch am meisten Spaß macht – ist natürlich, eigene Fotos und Videos zu veröffentlichen und sich dann an den Kommentaren und Likes zu erfreuen. Die veröffentlichten Bilder können aus verschiedenen Quellen stammen, Fotos aus der Galerie auf dem Smartphone, gerade mit der Kamera fotografiert oder auch aus Cloud-Diensten oder anderen Apps.

Bilder aus der Galerie

In den meisten Fällen haben Sie mit der Kamera-App des Smartphones ein Foto aufgenommen und möchten dieses gleich oder später auf Instagram veröffentlichen.

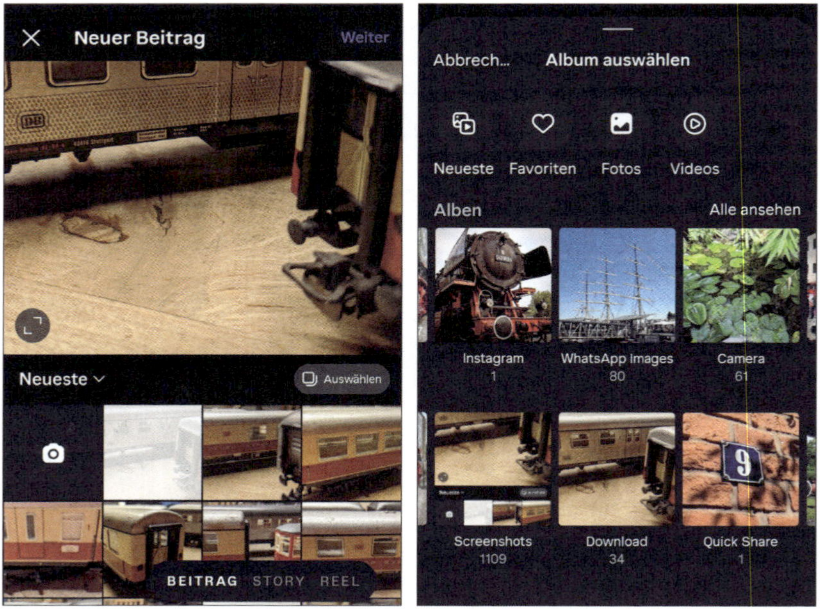

Bilder auswählen

Starten Sie die Instagram-App und tippen Sie auf das Plussymbol oben links. Jetzt werden die neuesten Bilder auf dem Smartphone angezeigt. Wählen Sie das gewünschte Bild durch einfaches Antippen aus. Dieses Bild erscheint nun im Großformat.

Suchen Sie ein Bild in einem bestimmten Album, tippen Sie links unterhalb des großen Bildes auf *Neueste* und wählen Sie das gewünschte Album aus. Jetzt werden nur Fotos aus diesem Album angezeigt. Auf diese Weise lassen sich zum Beispiel leicht eigene Aufnahmen im Kamera-Album finden und Screenshots sowie heruntergeladene Bilder ausblenden.

+++ SO GEHT'S AUF DEM IPHONE +++

Der Bereich *Galerie* heißt hier *Alle Alben*. Tippen Sie darauf, um die verschiedenen Ordner zu sehen. Vor der ersten Verwendung muss auch auf dem iPhone der Instagram-App erlaubt werden, auf die Fotos zuzugreifen.

Ein Markenzeichen von Instagram sind die typischen quadratischen Fotos, obwohl Instagram auch andere Formate zulässt. Beim Auswählen eines Fotos schlägt Instagram einen quadratischen Ausschnitt vor. Sie können aber durch einfaches Wischen auf dem Bildschirm diesen Ausschnitt auch verschieben oder mit einer Zwei-Finger-Zoomgeste einen Ausschnitt zoomen.

Beim Verschieben oder Zoomen blendet die Instagram-App ein Quadratraster ein, um wichtige Bildelemente ansprechend zu positionieren.

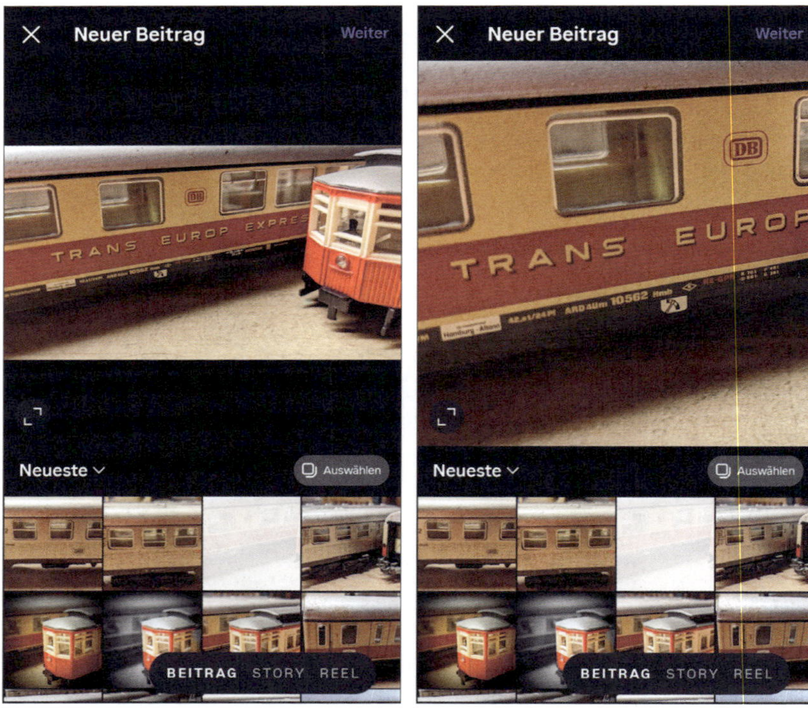

Bildausschnitt wählen

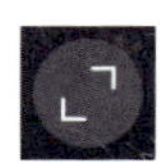

Das Zoom-Symbol links unten zeigt das Bild in voller Größe und im Original-Seitenverhältnis. Sie könnten das Bild auch so veröffentlichen, was aber einfach nicht zum Stil von Instagram passt. Dafür eignet sich diese Ansicht für einen Überblick und um einen passenden Bildausschnitt zu finden.

Tippen Sie noch einmal auf dieses Symbol, schaltet die Ansicht wieder auf den quadratischen Ausschnitt zurück. Nachdem Sie den gewünschten Bildausschnitt festgelegt haben, tippen Sie oben rechts auf *Weiter*.

Bilder nachbearbeiten

Der Erfolg von Instagram waren von Anfang an die vielfältigen Möglichkeiten, Bilder intuitiv ohne komplizierte Einstellungen effektvoll nachzubearbeiten. Nach der Auswahl des Bildes erscheinen fünf Bearbeitungswerkzeuge am unteren Bildschirmrand:

- *Audio* –Hintergrundmusik hinter das Bild legen
- *Text* – Text in das Bild schreiben
- *Overlay* – weiteres Bild über das Bild legen
- *Filtern* – mit Filtern die Farben des Bildes verändern
- *Bearbeiten* – vielseitige Werkzeuge zur Bildbearbeitung

Filter geben Bildern Stil

Instagram bietet eine Vielzahl an Filtern an, die über ein Bild gelegt werden können. Wischen Sie in der Filterliste nach links oder rechts, um weitere Filter zu sehen. Wählen Sie den gewünschten Filter. Ganz links in der Liste kommen Sie immer wieder zum ungefilterten Originalbild zurück. Tippen Sie noch einmal auf den Filter, um die Filterstärke anzupassen und so den Effekt zu verstärken oder abzuschwächen.

Effekte sparsam verwenden

Für alle Filter und Effekte gilt: Setzen Sie sie sparsam und effektvoll ein. Begehen Sie nicht den typischen Anfängerfehler und versehen jedes Bild mit irgendeinem Effekt. Das wirkt einfach nur kitschig, während sparsam eingesetzte Filter ein Bild durchaus interessant wirken lassen. Niemand will sich eine Fotosammlung ansehen, bei der über jedem Bild ein Filter liegt.

Filter auswählen und Filterstärke einstellen

Bilder bearbeiten

Neben den Filtern bietet Instagram noch diverse Werkzeuge, um das Bild direkt zu bearbeiten. Diese Werkzeuge funktionieren auch mit Fotos, auf die bereits ein Filter angewendet wurde, können also parallel zu Filtern verwendet werden. Tippen Sie unten auf *Bearbeiten*, um die Bearbeitungswerkzeuge auszuwählen.

Mehrere Bearbeitungswerkzeuge können in beliebiger Reihenfolge auf ein Foto angewendet werden, während aber immer nur ein Filter genutzt werden kann. Diese schließen sich gegenseitig aus, wählen Sie also einen neuen Filter für ein Bild aus, wird der vorherige deaktiviert. Bei allen aktivierten Bearbeitungswerkzeugen erscheint ein kleiner Punkt, sodass diese sich leichter finden und bei Bedarf auch wieder zurücknehmen lassen.

Bearbeitung abbrechen

Mit einer Wischbewegung von rechts nach links über den Bildschirm können Sie die Bearbeitung eines Bildes verwerfen. Zur Sicherheit erscheint nochmals eine Abfrage, ob Sie wirklich von vorn anfangen möchten. Alternativ können Sie auch den Entwurf zum derzeitigen Bearbeitungsstand speichern. Wenn Sie jetzt einen neuen Beitrag erstellen, erscheint neben dem Auswahlfeld *Neueste* die Seite *Entwürfe*. Hier finden Sie die gespeicherten Entwürfe. Tippen Sie dort auf *Verwalten*, können Sie einzelne Entwürfe auch löschen.

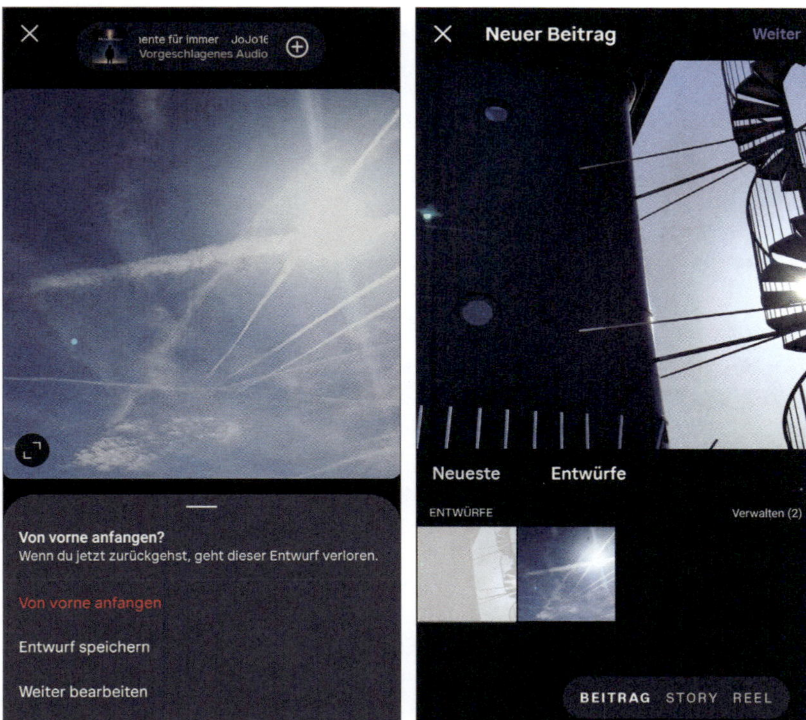

Bearbeiten eines Bildes abbrechen

Ausrichtung

Besonders bei Aufnahmen am Meer, wenn ein exakt waagerechter Horizont zu sehen ist, wirkt ein schiefer Horizont eher unprofessionell. Das Werkzeug *Ausrichtung* ermöglicht es nicht nur, den Horizont gerade auszurichten, sondern auch, perspektivischer Verzerrung entgegenzuwirken. Derartige Verzerrungen entstehen in der Horizontalen, wenn zum Beispiel ein Gebäude am Rand des Bildes steht, oder auch in der Vertikalen, wenn man senkrechte Kanten etwa an einem Turm oder einer Fassade aus nächster Nähe von unten herauf fotografiert. Alle derartigen Verzerrungen lassen sich stufenlos korrigieren.

Horizont und perspektivische Verzerrung ausgleichen

Lux

Lux ist ein neues automatisches Bildverbesserungswerkzeug, mit dem sich eine Art HDR-Effekt erzeugen lässt, der Schatten aufhellt, dunkle Bereiche hervorhebt und Kontraste sowie die Sättigung erhöht. *Lux* macht Fotos lebendiger und gleicht Belichtungen aus. Das Werkzeug ist besonders geeignet für Landschaften oder Fotos mit extremen Helligkeitsunterschieden.

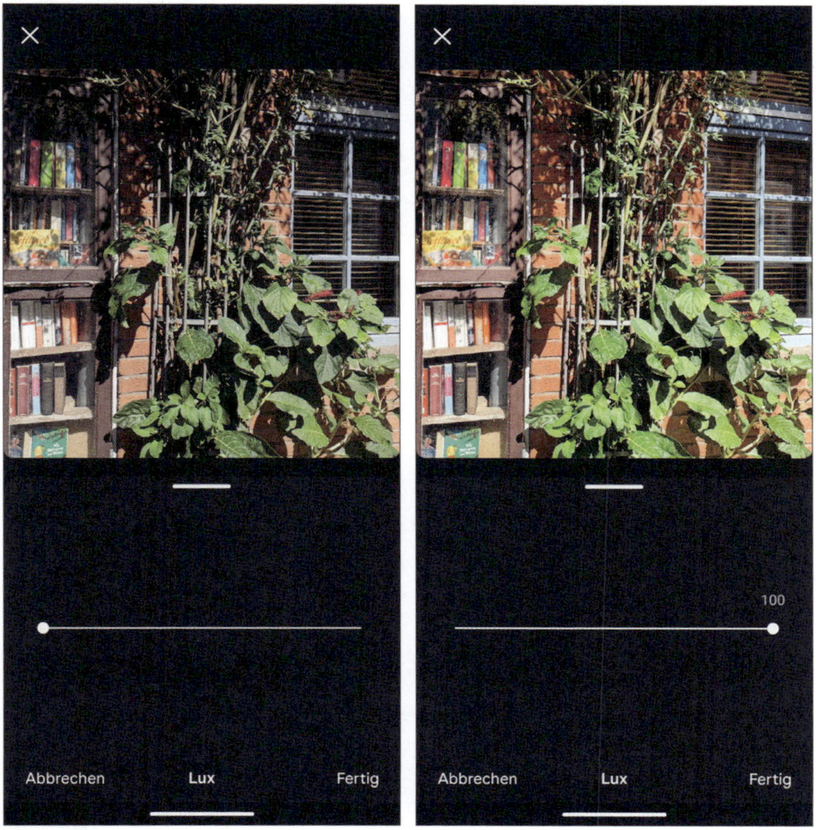

Lux verbessert dunkle Bildbereiche, ohne helle überzubelichten

Helligkeit

Manche Bilder wirken einfach besser, wenn sie etwas heller oder dunkler sind. Besonders Gegenlichtaufnahmen erscheinen durch die Belichtungsautomatik oft zu dunkel und sehen dank leichter künstlicher Aufhellung wesentlich realistischer aus.

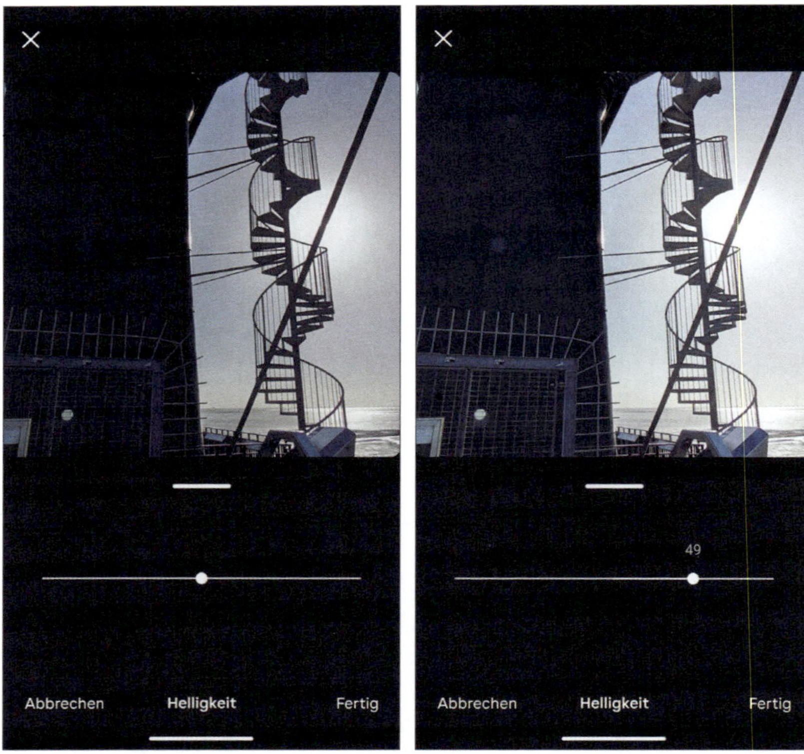

Helligkeit einer Gegenlichtaufnahme ausgleichen

Kontrast

Ähnlich wie die Helligkeit lässt sich auch der *Kontrast* eines Bildes stufenlos verstärken oder abschwächen. In vielen Fällen ergibt eine geschickte Kombination aus Helligkeit und Kontrast erst die gewünschte Wirkung eines Bildes.

Struktur

Der Regler *Struktur* wirkt ähnlich wie der Kontrast, verstärkt aber besonders Kanten an Objekten, an denen große Helligkeitsunterschiede auftreten. Damit lassen sich Bilder gleichzeitig nachschärfen und im Kontrast verbessern. In vielen Fällen lohnt es sich, Kontrast und Struktur gleichzeitig anzupassen.

Struktur eines Bildes verbessern

Wärme

Der Regler *Wärme* verändert die Farbtemperatur eines Bildes. Blau- und Grautöne lassen ein Bild wesentlich kälter wirken als Rot-, Braun- und Gelbtöne. Durch eine leichte Farbverschiebung lässt sich in vielen Bildern sogar das Wetter verändern.

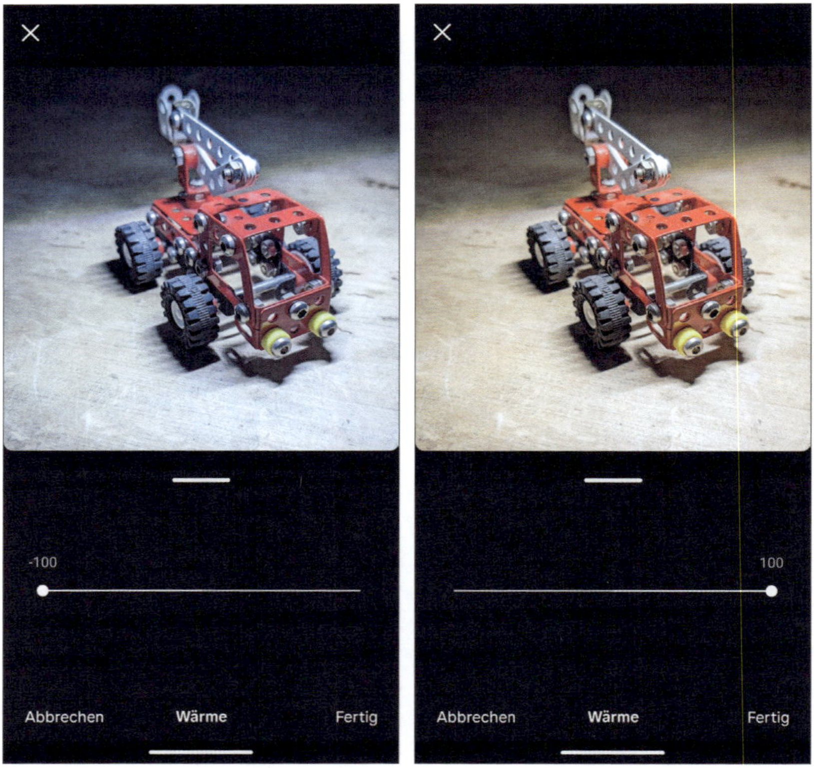

Wärme eines Bildes verändern

Sättigung

Die Farbsättigung kann die Wirkung eines Bildes extrem beeinflussen und sollte mit Bedacht eingesetzt werden.

Bei sehr schwacher *Sättigung* verliert das Bild zunehmend an Farbe und wird im Extremfall schwarz-weiß. Starke Farbsättigung kann schnell kitschig wirken. Mit gemäßigter Sättigung lassen sich blasse Bilder aber erheblich aufbessern.

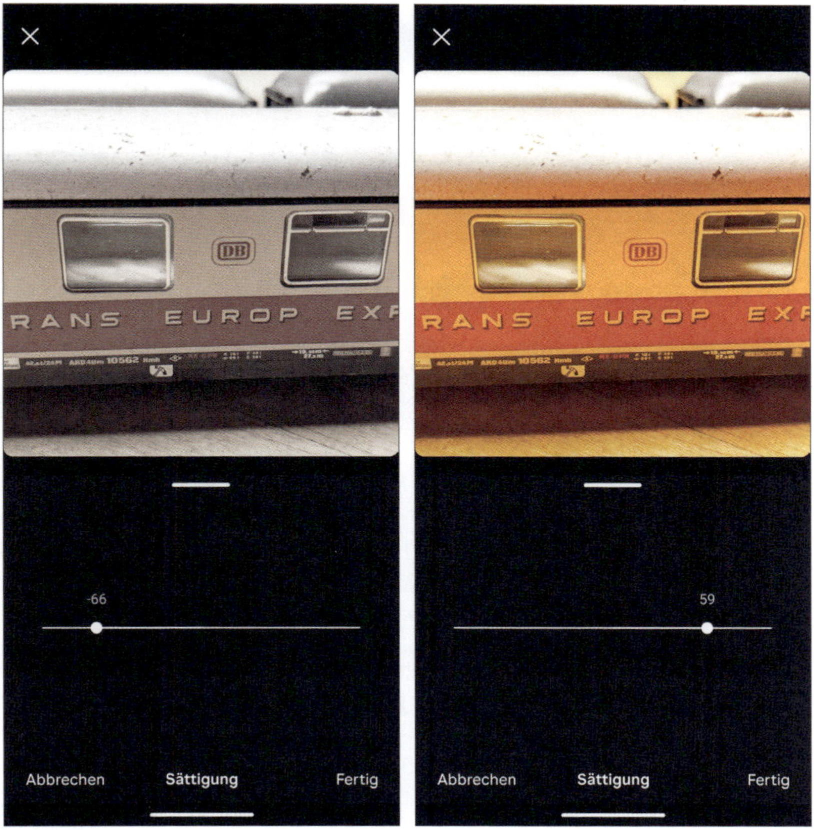

Sättigung eines Bildes verändern

Farbe

Mit dem Werkzeug *Farbe* lassen sich dunkle und helle Bereiche des Bildes unabhängig voneinander in bestimmten Farben abtönen. So können je nach Bild die Schatten, also die dunklen

Stellen, einen leicht anderen Farbton haben als die beleuchteten Partien des Bildes, die hier als *Highlights* bezeichnet werden.

Farbtöne für dunkle und helle Bildbereiche anpassen

Verblassen

Beim *Verblassen* werden Bilder, die zum Beispiel durch starke Sonneneinstrahlung schon fast unnatürliche Farben haben, korrigiert. Im Gegensatz zu einer Abschwächung der Farbsättigung gehen die Farben nicht verloren. Das Bild wird also nicht zum Schwarz-Weiß-Bild, sondern behält seine Farbabstufungen, die allerdings etwas blasser und dadurch in manchen Fällen auch natürlicher erscheinen.

Bilder mit extrem kräftigen Farben nachträglich verblassen

Highlights

Im Gegensatz zu den Einstellungen für Helligkeit und Kontrast, die das ganze Bild beeinflussen, verändert der Regler *Highlights* nur die Helligkeit besonders heller Bildpartien. Dunklere Bereiche des Bildes bleiben unverändert. Auf diese Weise lassen sich sonnenbeschienene Flächen etwas abmildern oder aber auch helle Spots noch deutlicher hervorheben.

Helligkeit besonders heller Bildbereiche anpassen

Schatten

Das Bearbeitungswerkzeug *Schatten* funktioniert ähnlich wie *Highlights*, wirkt sich aber nur auf die dunklen verschatteten Bildbereiche aus. Damit kann man zum Beispiel in einer Gegenlichtaufnahme dunkle Partien aufhellen, um sie im Foto klarer erkennbar zu machen, ohne dabei das ganze Bild heller erscheinen zu lassen.

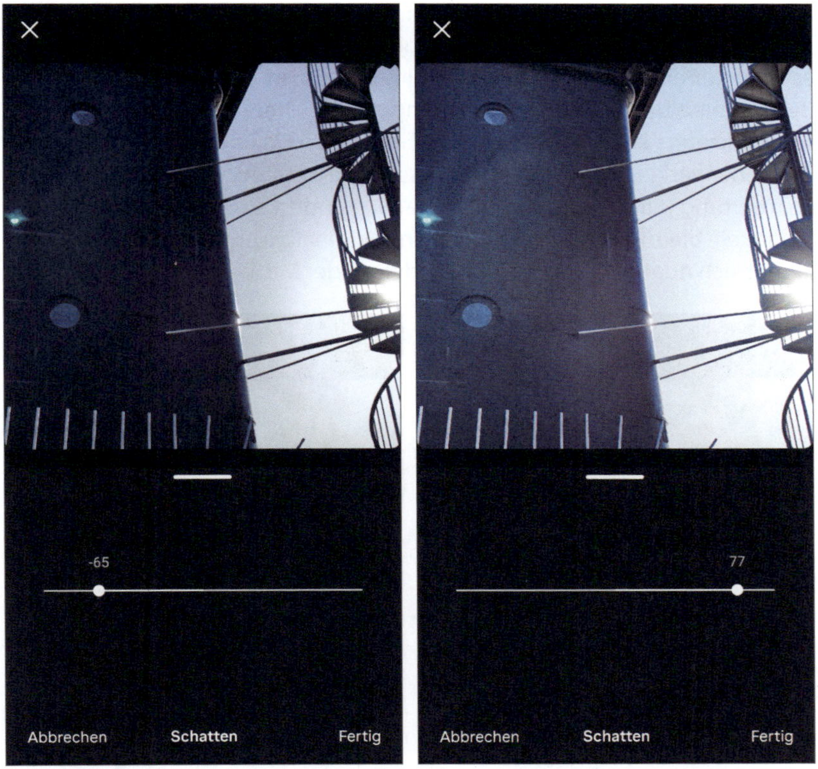

Helligkeit besonders dunkler Bildbereiche anpassen

Vignette

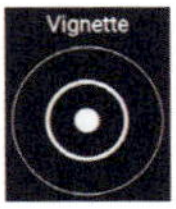

Vignette ist der typische »Instagram-Effekt«, mit dem die App am Anfang bekannt wurde. Hier werden die Bildränder und besonders die Ecken abgedunkelt, wodurch sich die Bildmitte gut in Szene setzen lässt.

Tilt Shift

Tilt Shift funktioniert ähnlich wie *Vignette*, allerdings werden hier die betroffenen Bildbereiche nicht abgedunkelt, sondern verschwommen dargestellt. Dieses Werkzeug bietet zwei Varianten: Entweder lässt man die Ecken oder den ganzen Rand eines Bildes verschwinden, um in der Mitte ein Objekt besonders hervorzuheben, oder es wird nur ein horizontaler Streifen im Bild scharf dargestellt, um so zum Beispiel eine besondere Tiefenwirkung zu erreichen. Beim Anwenden dieses Werkzeugs können Sie mit zwei Fingern den Wirkungsbereich vergrößern oder verkleinern. Um diesen besser zu erkennen, wird er während der Bearbeitung kurzfristig aufgehellt. Danach ändert sich nur die Schärfe, die Helligkeit bleibt aber gegenüber dem Originalbild unverändert. *Tilt Shift* eignet sich nur für Bilder, die – besonders in der Mitte – wirklich scharf sind.

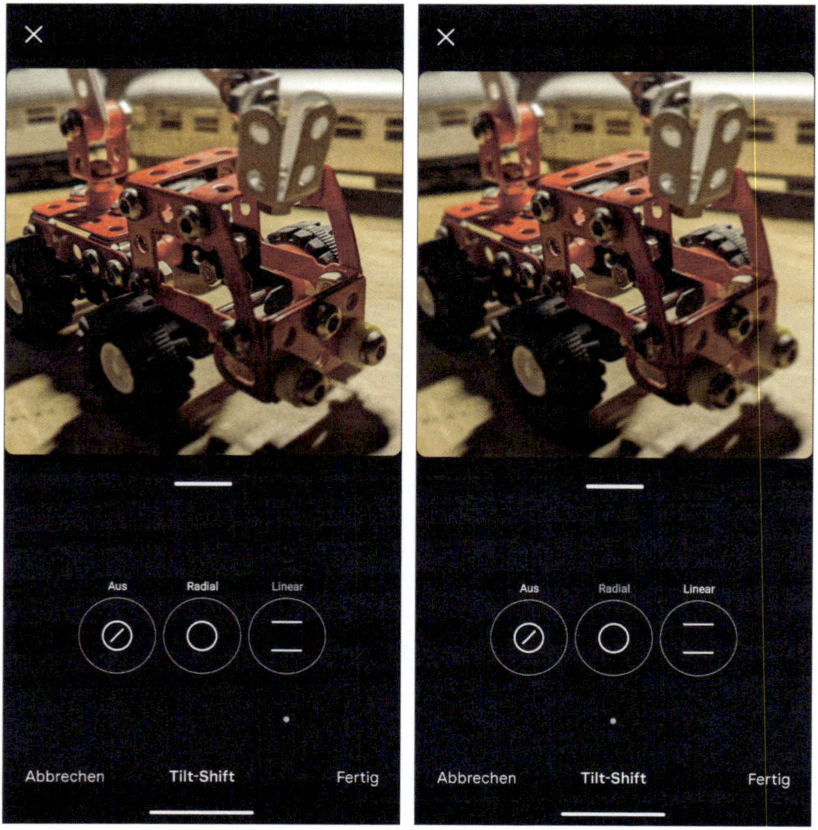

Tilt Shift mit horizontalem oder radialem Schärfebereich

Schärfe

Unscharfe Bilder lassen sich mit dem *Schärfe*-Werkzeug nachschärfen. Dabei werden Kontraste an Kanten erhöht, wodurch ein Bild allerdings auch leicht pixelig erscheinen kann. Komplett unscharfe Bilder lassen sich damit nicht retten, ein gezieltes Nachschärfen kann aber in einigen Fällen die Bildqualität verbessern.

Text in das Bild schreiben

Möchten Sie eine kleine Botschaft in das Bild schreiben, klicken Sie auf den Button *Text*. Automatisch wird die Bildschirmtastatur eingeblendet und Sie können den Text schreiben. Mit dem Schieberegler links außen verändern Sie die Schriftgröße.

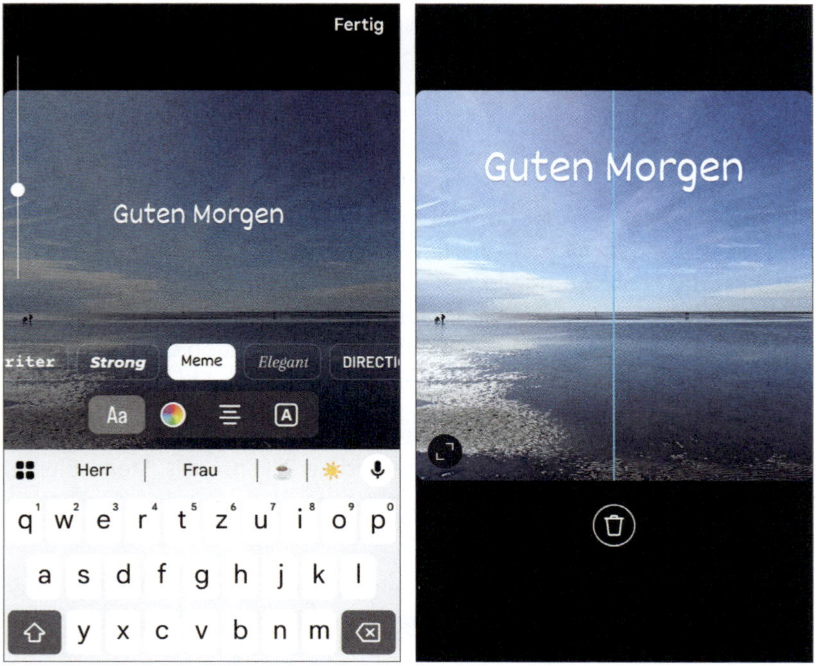

Text in ein Bild schreiben

Instagram bietet verschiedene Schriftarten an, unabhängig von den auf dem Smartphone installierten Systemschriften. Wählen Sie eine davon aus, wird der Text sofort verändert.

Hier wählen Sie die Textfarbe. Mit dem Pipettensymbol ganz links können Sie eine Farbe aus dem Bild wählen und für den Text verwenden.

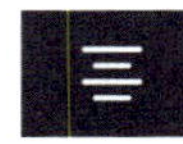

Standardmäßig wird der Text zentriert, was besonders dann wichtig ist, wenn er mehrere Zeilen umfasst. Mit diesem Symbol schalten Sie auf links- oder rechtsbündig um.

Um den Text im Bild besser lesbar zu machen, können Sie ihn auf eine dunkle oder helle Hintergrundfläche schreiben oder Konturlinien um die Buchstaben legen. Nach dem Schreiben tippen Sie oben rechts auf *Fertig*. Jetzt können Sie den Text im Bild an die gewünschte Position schieben. Zum Zentrieren im Bild erscheint automatisch eine Fanglinie, an der der Text einrastet.

Overlay – Bildcollage

Möchten Sie kleine Bilder auf einem Hintergrundbild anordnen, wie das gern bei Ansichtskarten gemacht wird, wählen Sie zunächst das Hintergrundbild aus und tippen dann auf *Overlay*. Jetzt erscheint die Fotogalerie, aus der Sie ein weiteres Bild auswählen und interaktiv auf dem anderen Bild positionieren können.

Tippen Sie auf das Bild, werden nacheinander verschiedene Formen angeboten: Rechtecke mit und ohne abgerundete Ecken, Kreis, Stern, Blume, Herz usw. Sie können die Bilder jederzeit verschieben und auch mehrere Overlays auf ein Foto legen.

Neue Overlays werden über ältere gelegt. Ziehen Sie ein Overlay unter einem anderen heraus und schieben Sie es wieder zurück, um es in den Vordergrund zu bringen.

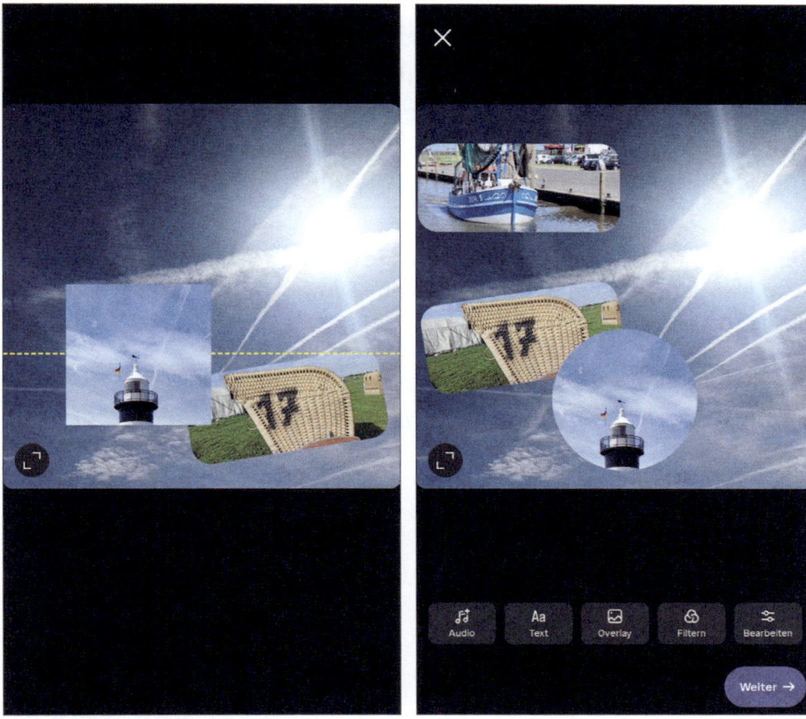

Bildcollagen mit Overlays

Audio – Hintergrundmusik

Instagram schlägt bei jedem Beitrag mehr oder weniger zufällig am oberen Bildschirmrand eine Hintergrundmusik vor. Diesen Vorschlag können Sie durch Antippen übernehmen oder auch einfach ignorieren.

Tippen Sie auf *Audio*, um einen Musikclip aus der von Instagram mitgelieferten Sammlung auszuwählen. Tippen Sie auf einen Titel, wird dieser abgespielt. Erst das Pfeilsymbol rechts übernimmt ihn als Hintergrundmusik. Mit den Fähnchen rechts neben jedem Titel speichern Sie Favoriten, die Sie dann auf dem Register *Gespeichert* schnell wiederfinden.

Vorsicht mit Hintergrundmusik

Auch wenn Instagram bei jedem Bild aufdringlich eine Hintergrundmusik vorschlägt, setzen Sie diese sparsam oder gar nicht ein. Viele Nutzer scrollen vor Schreck sofort zum nächsten Beitrag weiter, wenn bei einem Bild auf einmal eine Musik ertönt.

Bei einem ausgewählten Titel wählen Sie mit dem Schieber unten den abzuspielenden Ausschnitt. Über das kleine Symbol mit der Zahl 30 legen Sie die Länge fest.

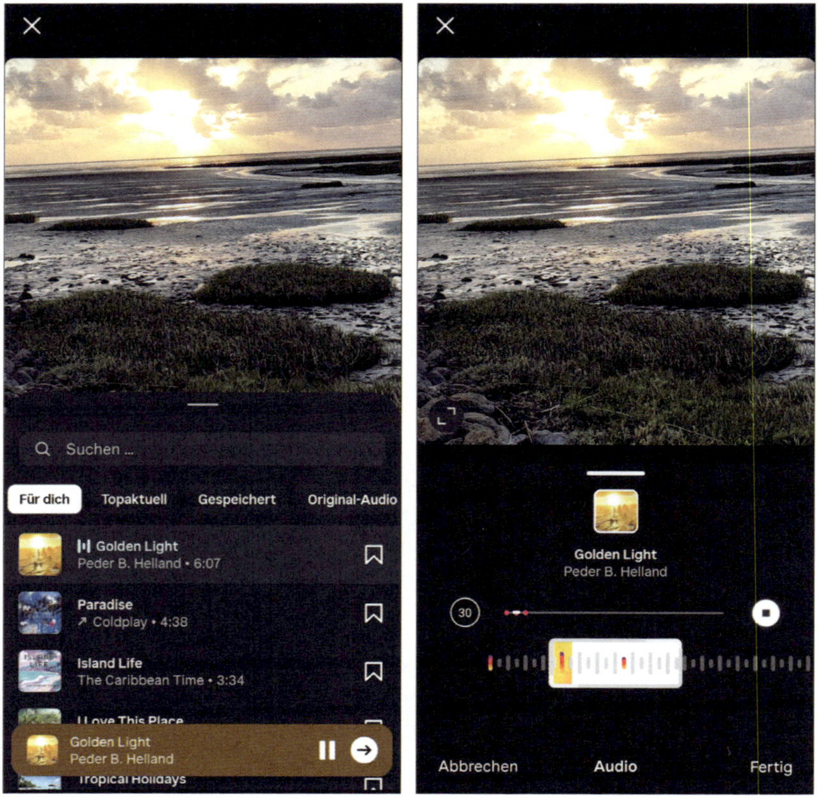

Hintergrundmusik auswählen und hinzufügen

+++ SO GEHT'S AUF DEM IPHONE +++

Die Möglichkeit, ein Bild mit Hintergrundmusik zu unterlegen, wird auf dem iPhone nicht angeboten.

Die Bildbeschreibung

Zu jedem Bild gehört eine gute Beschreibung. Diese kann je nach persönlichem Geschmack aus Stichwörtern oder aus kompletten Sätzen bestehen. Auch längere erklärende Texte sind möglich. Die meisten Bildbeschreibungen auf Instagram beschränken sich auf wenige Sätze, was aber keine zwingende Vorgabe ist.

Caption = Bildbeschreibung

In vielen Beiträgen auf Instagram taucht das Wort *Caption* auf. Das ist nichts anderes als die Bildbeschreibung.

1. Nachdem Sie ein Bild ausgewählt und bei Bedarf nachbearbeitet haben, tippen Sie unten rechts auf *Weiter*. Jetzt erscheint eine neue Bildschirmseite, auf der Sie oben den Beschreibungstext eingeben können. Dazu wird automatisch die Bildschirmtastatur eingeblendet. Nützliche Tipps zur Texteingabe finden Sie in Kapitel 8 unter der Überschrift »Tipps zur Bildschirmtastatur«.
2. Haben Sie den Text fertiggestellt, lesen Sie noch einmal kurz darüber und überprüfen Sie Rechtschreibung und Grammatik. Mangelhaftes Deutsch ist weder »cool« noch »irgendwie egal«, sondern zeugt von einer geringen Wertschätzung den Lesern gegenüber. Auf Instagram herrscht nicht nur bei Bildern, sondern auch bei Texten ein höherer Qualitätsanspruch als in anderen sozialen Netzwerken.
3. Tippen Sie anschließend unten auf *Teilen*, um den Beitrag zu veröffentlichen. Das Veröffentlichen dauert ein paar Sekunden, dann ist der Beitrag auf Ihrer persönlichen Instagram-Startseite zu sehen, kurz danach auch bei Ihren Abonnenten.

Der Beschreibungstext steht immer unterhalb des Bildes. Bei Texten, die länger als zwei Zeilen sind, erscheint am Ende der Link *Mehr* ... Tippen Sie darauf, um den ganzen Text lesen zu können.

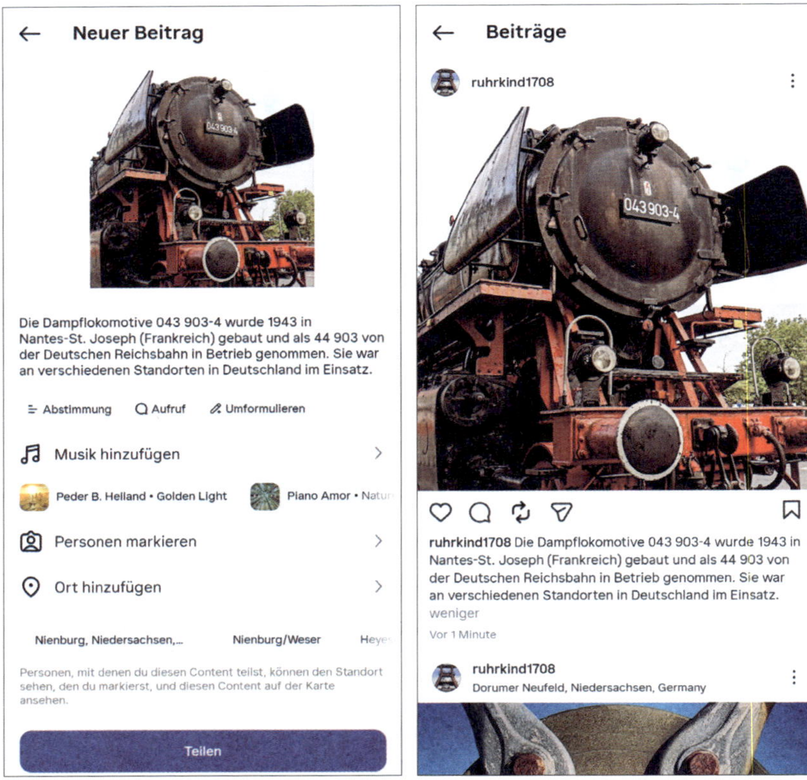

Beschreibung zu einem Bild veröffentlichen

Bildbeschreibung mit KI bearbeiten

Beim Erstellen einer Bildbeschreibung taucht nach wenigen Wörtern der Button *Umformulieren* auf. Tippen Sie darauf, schlägt die in Instagram integrierte KI Meta AI drei verschiedene Textvarianten vor. Leider werden bis jetzt nur englischsprachige Texte erstellt, und sehr oft stellt die KI selbst fest: *Da ist leider was*

schiefgelaufen. Tippen Sie auf den runden Pfeil, werden neue Vorschläge generiert. Durch Antippen eines Textvorschlags wird dieser übernommen und ersetzt die eigene Bildbeschreibung ohne weitere Nachfrage.

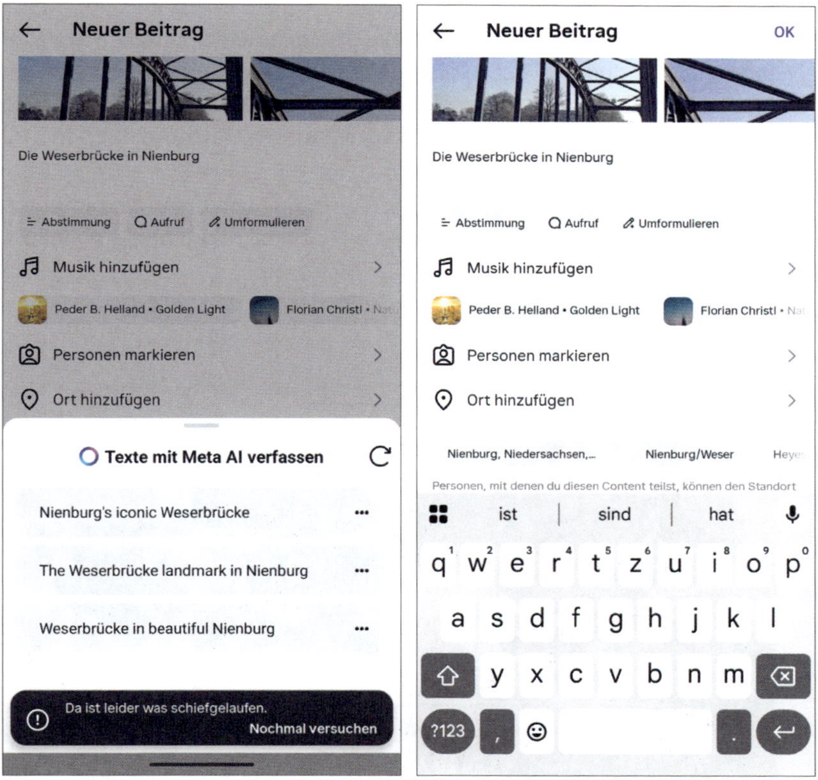

KI-generierte Bildbeschreibung, bis jetzt weitgehend unbrauchbar

Hashtags in der Beschreibung

Hashtags sind wichtige Elemente in Bildbeschreibungen bei Instagram, aber auch in anderen sozialen Netzwerken. Über Hashtags lassen sich Bilder suchen. Hashtags können sinnvoll in Texte eingebaut werden, eine Bildbeschreibung kann aber auch ausschließlich aus einer Liste von Hashtags bestehen.

1. Tippen Sie bei der Eingabe des Textes auf das Hashtag-Symbol # und geben die ersten Buchstaben ein, erscheint automatisch eine Liste vorgeschlagener Hashtags.
2. Bei allen Hashtags in der Vorschlagsliste wird die Anzahl öffentlicher Beiträge mit diesem Hashtag angezeigt. So lassen sich beliebte Hashtags leicht finden und Schreibfehler vermeiden. Tippen Sie einfach auf einen Hashtag, um ihn in den Text einzubauen. Ganz oben in der Liste unter *aktuell* erscheinen die zuletzt verwendeten Hashtags mit den passenden Buchstaben.
3. Wen die Hashtags im Text stören, der kann sie auch am Ende hinter ein paar Leerzeilen anfügen. Sie erscheinen dann nicht auf den ersten Blick im Text.

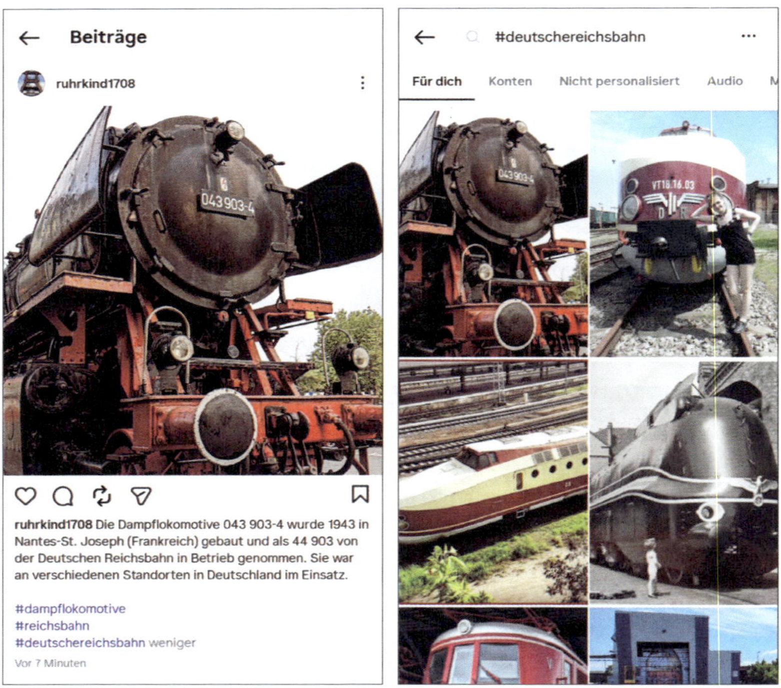

Links: Hashtags unterhalb des eigentlichen Beschreibungstextes eingebaut, rechts: aktuelle Beiträge zu einem Hashtag

Tippt man auf einen Hashtag in einer Bildbeschreibung, werden passende Bilder angezeigt. Dabei lässt sich zwischen mehreren Ansichten umschalten:

- Die Seite *Für dich* zeigt an das persönliche Nutzerverhalten angepasste Beiträge mit dem gewählten Hashtag. Hier erscheint das soeben veröffentlichte Foto, kann aber bei beliebten Hashtags schon innerhalb weniger Minuten nach unten verschwinden.
- Die Seite *Konten* zeigt zum gewählten Hashtag passende Konten.
- Die Seite *Markierungen* zeigt ähnliche Hashtags.
- Die Seite *Orte* zeigt Orte, in denen der Begriff ohne Hashtag-Markierung vorkommt. Das ist natürlich nicht bei allen Hashtags der Fall.

Abstimmung in der Bildbeschreibung

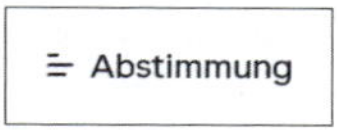

Abstimmungen in der Bildbeschreibung sind ein relativ neues interaktives Element zur Kommunikation mit den Followern auf Instagram.

1. Tippen Sie beim Bearbeiten der Bildbeschreibung nach dem Formulieren einer Frage auf den Button *Abstimmung* unterhalb des Textes.

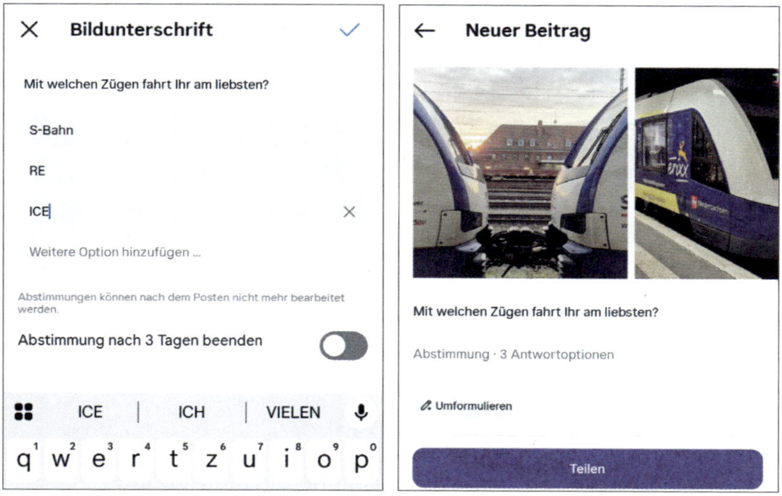

Abstimmung in einen Beitrag einbauen

2. Tragen Sie jetzt bis zu vier Antwortmöglichkeiten ein. Sie können festlegen, dass die Abstimmung automatisch drei Tage nach Veröffentlichung beendet wird. Sie können sie aber auch unbegrenzt laufen lassen.
3. Stellen Sie den Beitrag fertig und veröffentlichen Sie ihn.

Ihre Follower sehen unter der Bildbeschreibung den Link *Abstimmen*. Sobald sie darauf tippen, öffnen sich die Antwortmöglichkeiten und sie können ihre Stimme abgeben. Das Ergebnis wird danach in Echtzeit angezeigt.

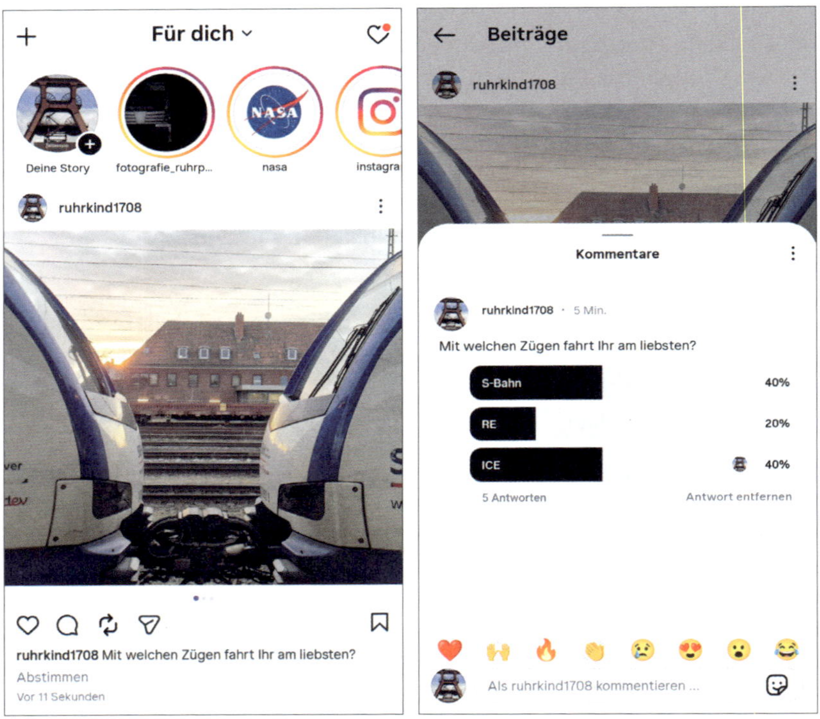

In einem Beitrag abstimmen, rechts: Ergebnis der Abstimmung

Aufruf in der Bildbeschreibung

Ein Aufruf in der Bildbeschreibung ist eine direkte Aufforderung an die Follower, eine bestimmte Handlung auszuführen, etwa einen Kommentar zu schreiben oder Personen zu markieren. Damit lässt sich die Reichweite des Beitrags erhöhen, da viele freiwillig keinen Kommentar schreiben, aber es als Antwort auf eine direkte Aufforderung dann doch tun.

Tippen Sie beim Verfassen der Bildbeschreibung auf den Button *Aufruf*. Sonst brauchen Sie weiter nichts zu tun.

Im Gegensatz zu einer einfachen Bildbeschreibung erscheint bei den Followern direkt auch ein Teil der Kommunikation. Beim Antippen der Beschreibung wird diese nicht nur in voller Länge angezeigt, sondern auch die Antworten der Follower werden angezeigt. Als Follower kann man direkt einen Kommentar schreiben, ohne erst auf *Kommentar* zu klicken.

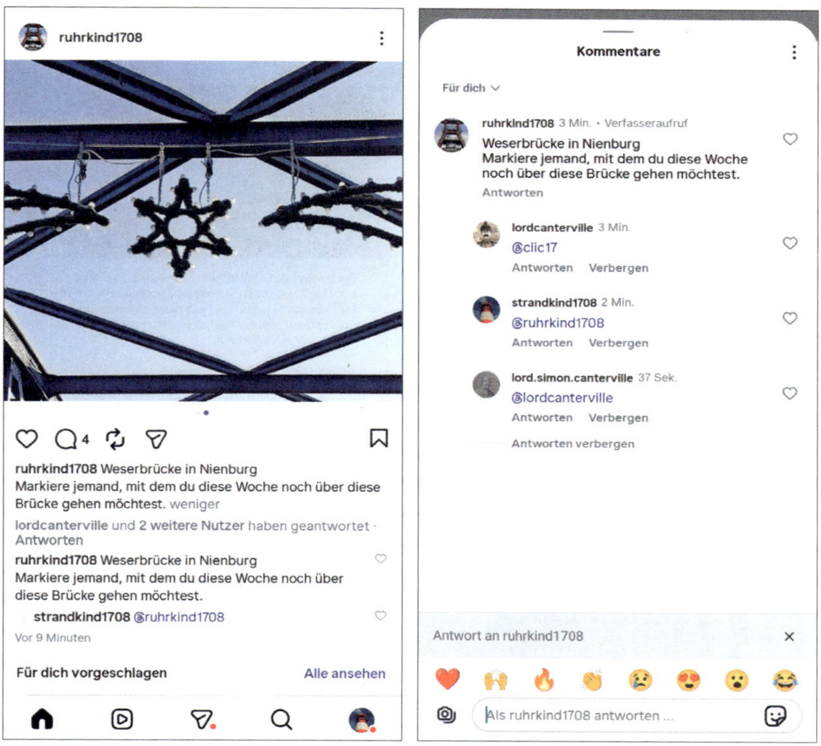

Aufruf und Antworten in einer Bildbeschreibung

Beitrag nachträglich ändern

Sie können jederzeit die Beschreibung eines Bildes nachträglich ändern. Dies gilt natürlich nur für Beiträge, die Sie selbst verfasst haben. Tippen Sie dazu auf das Menü mit den drei Punkten rechts über dem Bild.

1. Wählen Sie im Menü *Bearbeiten*. Anschließend können Sie den Text direkt verändern, ergänzen und auch Hashtags hinzufügen. Auch hier werden nach Eingabe des **#**-Zeichens und der ersten Buchstaben passende Hashtags vorgeschlagen.
2. Nachdem Sie Ihre Änderungen vorgenommen haben, tippen Sie oben rechts auf das blaue Häkchen, um die Änderungen zu übernehmen.

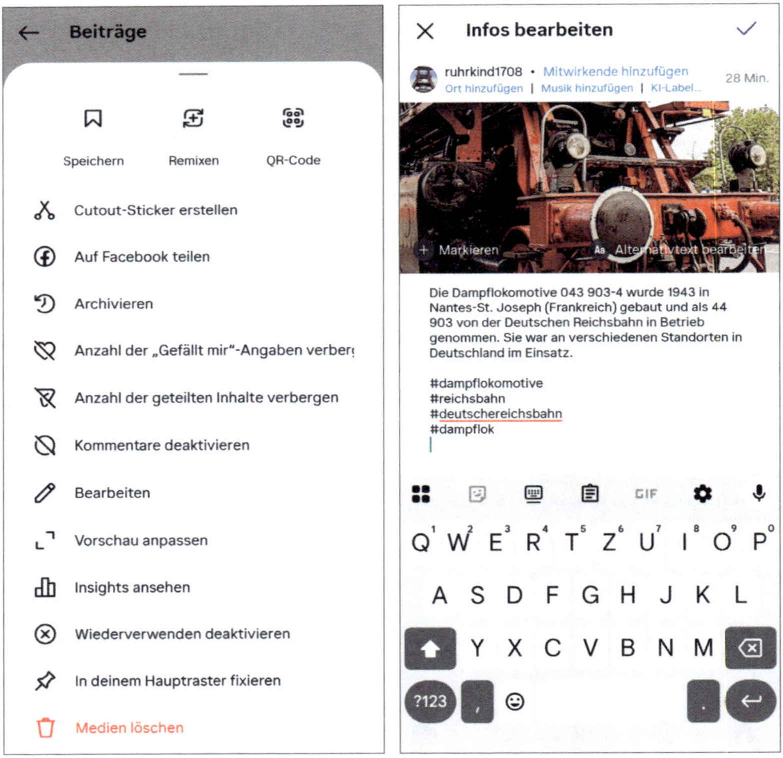

Beitrag nachträglich bearbeiten

> **Achtung!**
>
> Die Möglichkeit, einen Beitrag nachträglich zu ändern, wird leider auch manchmal missbraucht: Ein Nutzer veröffentlicht ein ansprechendes Foto mit einem belanglosen Text und erhofft sich damit viele Likes. Nach einiger Zeit ändert er den Text und fügt unseriöse Werbung oder Hassreden ein. Alle anderen Nutzer, die das Bild gelikt haben, werden von neuen Betrachtern unwillkürlich mit dem neuen Text in Verbindung gebracht.
>
> Sollten Sie so etwas bemerken, entfernen Sie Ihren Like für den Beitrag. Tippen Sie dazu noch einmal auf das rote Herz unter dem Bild. Das Herz wird wieder weiß. Tippen Sie dann auf das Menü mit den drei Punkten rechts über dem Bild. Wählen Sie hier *Melden* ... und auf dem nächsten Bildschirm einen Grund, warum Sie den Beitrag melden möchten.

Standort im Bild markieren

Viele Nutzer suchen auf Instagram Beiträge zu einem bestimmten Ort oder einfach aus der näheren Umgebung. Dazu ist es wichtig, die Beiträge mit einer Standortangabe zu versehen. Beiträge mit Standortangabe werden auch deutlich häufiger angezeigt als Beiträge ohne Standort.

1. Auf der Seite, auf der Sie den Text zum Beitrag schreiben, gibt es die Zeile *Ort hinzufügen*. Darunter werden passende Standorte anhand der im Foto gespeicherten GPS-Koordinaten sowie anhand der zuletzt verwendeten Standorte vorgeschlagen. Tippen Sie einfach auf einen Vorschlag, um diesen Standort zu übernehmen.
2. Alternativ können Sie das Eingabefeld *Nach einem Ort suchen* nutzen. Auch hier erscheinen Standortvorschläge. Wenn Sie einige Buchstaben eintippen, schlägt Instagram neue Orte anhand der Eingabe vor.
3. Übernehmen Sie einen Ort für das Bild. Zu jedem Bild kann es nur eine Ortsangabe geben. Sie können einen falsch gewählten Ort aber löschen und einen anderen Ort wählen.

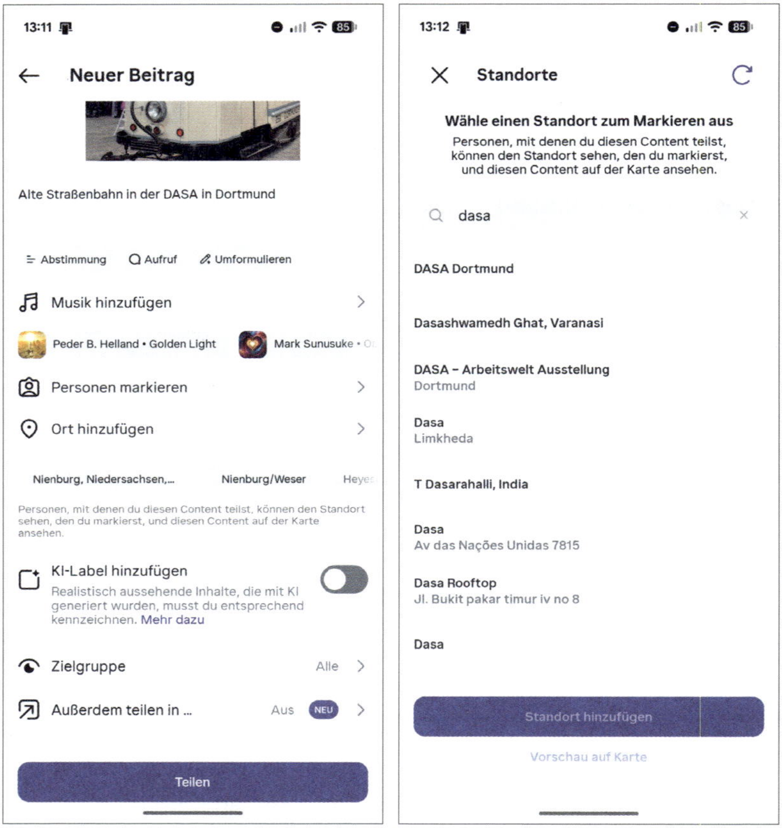

Vorschläge für Orte zu einem Bild

4. Wenn Sie nicht genau wissen, ob es sich bei dem ausgewählten Ort auch wirklich um den richtigen handelt, weil zum Beispiel ein Ortsname wie Neustadt oder der Name eines Ladens mehrfach existiert: Tippen Sie, nachdem Sie den Ort ausgewählt haben, ganz unten auf *Vorschau auf der Karte*. Dann wird ein Kartenausschnitt angezeigt, der meistens schon ausreicht, um den Ort zu identifizieren.
5. Tippen Sie auf die Vorschaukarte, können Sie den Ort in Google Maps genau anzeigen lassen, um ihn deutlich zu erkennen. Tippen Sie auf *Mehr anzeigen*, um Bilder zu diesem Ort zu sehen.

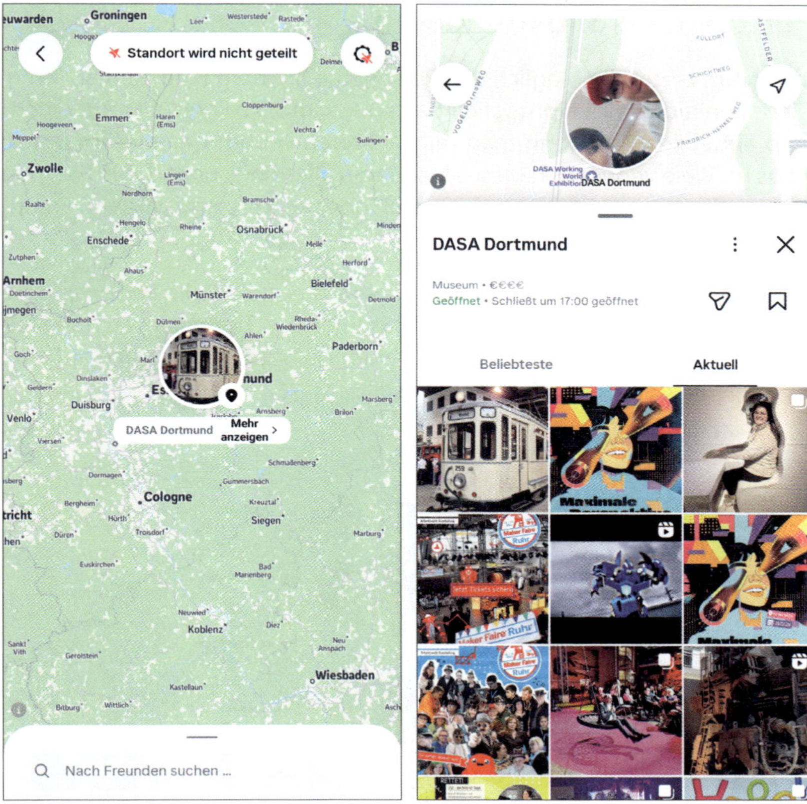

Karte und Bilder eines Ortes anzeigen

Der Ort wird oberhalb des Bildes beim Profilnamen angezeigt. Tippen Sie darauf, erscheinen Bilder, die mit diesem Ort markiert sind, auf einer verschiebbaren Palette sowie ein kleiner Kartenausschnitt. Tippen Sie im Menü der Bilderpalette auf *In Maps öffnen*, um den Ort in Google Maps anzuzeigen und dort Orte in der Umgebung zu suchen oder eine Route zu planen.

Standort kann nicht geändert werden

Im Gegensatz zum Text eines Beitrags kann der Standort nicht nachträglich geändert werden.

Personen im Bild markieren

Instagram bietet die Möglichkeit, Personen auf einem Foto zu markieren. Diese Funktion war ursprünglich dazu gedacht zu zeigen, wer auf einem Foto abgebildet ist, wenn man mit mehreren Leuten gemeinsam unterwegs ist. Viele verwenden dieses Markieren allerdings gern dafür, Freunde über ein bestimmtes Bild zu informieren oder auf Nutzerprofile von Freunden zu verlinken.

1. Tippen Sie beim Schreiben eines Beitrags auf die Zeile *Personen markieren*. Jetzt erscheint das Foto im Großformat. Tippen Sie auf die Stelle, wo die gewünschte Person zu sehen ist, oder auch einfach auf eine Stelle, an der sie markiert werden soll.

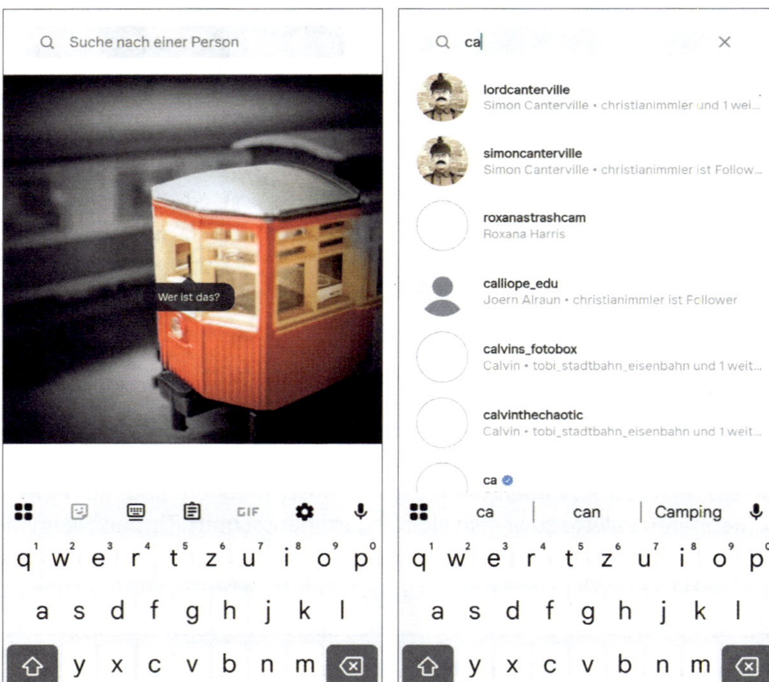

Person zum Markieren auswählen

2. Im Bild erscheint die Markierung *Wer ist das?*. Geben Sie im Suchfeld den Namen einer Person ein. Jetzt erhalten Sie Vorschläge, zuerst aus den selbst abonnierten Profilen, aber auch andere häufig markierte Personen. Wählen Sie die gewünschte Person aus. Auf die gleiche Weise können Sie weitere Personen markieren.
3. Wenn Sie ein Bild betrachten, tippen Sie auf das Bild, um die markierten Personen zu sehen. Jetzt können Sie auf eine Person tippen und kommen direkt zu diesem Profil, wo Sie Fotos dieser Person finden.
4. Tippen Sie beim Betrachten eines Fotos auf das Personensymbol links unten, erscheint eine Liste aller im Bild markierten Personen. Hier sehen Sie auch gleich, ob Sie die Profile bereits abonniert haben. Wenn nicht, können Sie ihnen direkt aus dieser Liste heraus folgen.

Möchten Sie später weitere Personen markieren, tippen Sie auf das Menü des Beitrags mit den drei Punkten und dann auf *Bearbeiten*. Beim nachträglichen Bearbeiten eines Beitrags wird links unten im Bild die Anzahl markierter Personen angezeigt. Tippen Sie darauf und danach auf *Personen markieren*, können Sie weitere Personen markieren. Um eine markierte Person zu entfernen, tippen Sie auf die Markierung und anschließend auf das *x*-Symbol daneben.

Wer in einem Beitrag markiert wurde, erhält eine Benachrichtigung im Aktivitätsverlauf von Instagram und – je nach Systemeinstellung – auch eine Systembenachrichtigung auf dem Smartphone.

Co-Autoren einladen

Sind Sie mit mehreren Personen unterwegs, können Sie einen Beitrag mit einem Co-Autor, auch als Collab-Partner bezeichnet, zusammen veröffentlichen. Der Beitrag wird dann in beiden Profilen angezeigt. Auch Kommentare und Likes erscheinen bei beiden gleichermaßen.

1. Erstellen Sie den Beitrag und tippen Sie auf die Zeile *Personen markieren*.
2. Tippen Sie auf der nächsten Seite auf *Collab-Partner einladen* und wählen Sie den gewünschten Collab-Partner unter Ihren Kontakten aus.

3. Der Collab-Partner erhält eine Benachrichtigung. Erst wenn er diese bestätigt, wird er als Collab-Partner eingetragen und der Beitrag erscheint in beiden Profilen.

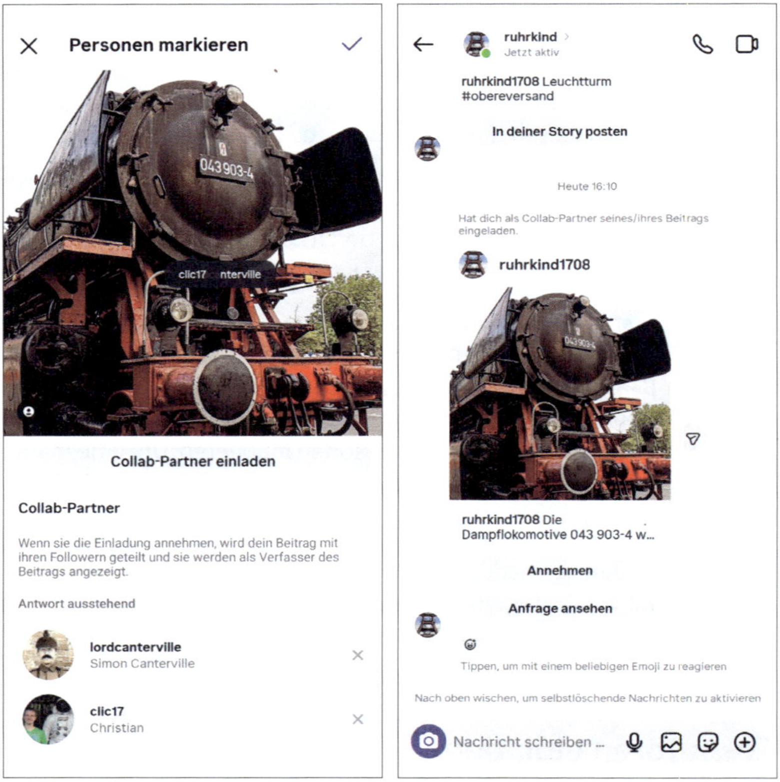

Collab-Partner hinzufügen und Collab-Partnerschaft annehmen

Mehrere Bilder in einem Beitrag veröffentlichen

Möchten Sie mehrere Bilder, die zusammengehören, veröffentlichen, brauchen Sie dafür nicht jedes Mal einen eigenen Beitrag zu erstellen. Instagram bietet die Möglichkeit, bis zu zehn Fotos in einem Beitrag zu veröffentlichen.

1. Wählen Sie das erste Bild aus und tippen Sie dann auf das Symbol *Auswählen* unten rechts im Bild. Jetzt können Sie nacheinander weitere Bilder festlegen. Bei den ausgewählten Bildern erscheinen blaue Nummern. Die Bilder werden später in dieser ausgewählten Reihenfolge angezeigt.
2. Tippen Sie, nachdem Sie alle Bilder für diesen Beitrag ausgewählt haben, oben rechts auf *Weiter*. Jetzt können Sie einen Filter auswählen, der auf alle Bilder dieses Beitrags angewendet werden soll.
3. Schreiben Sie danach wie gewohnt den Text für den Beitrag, wählen Sie einen Ort aus und veröffentlichen Sie den Beitrag.

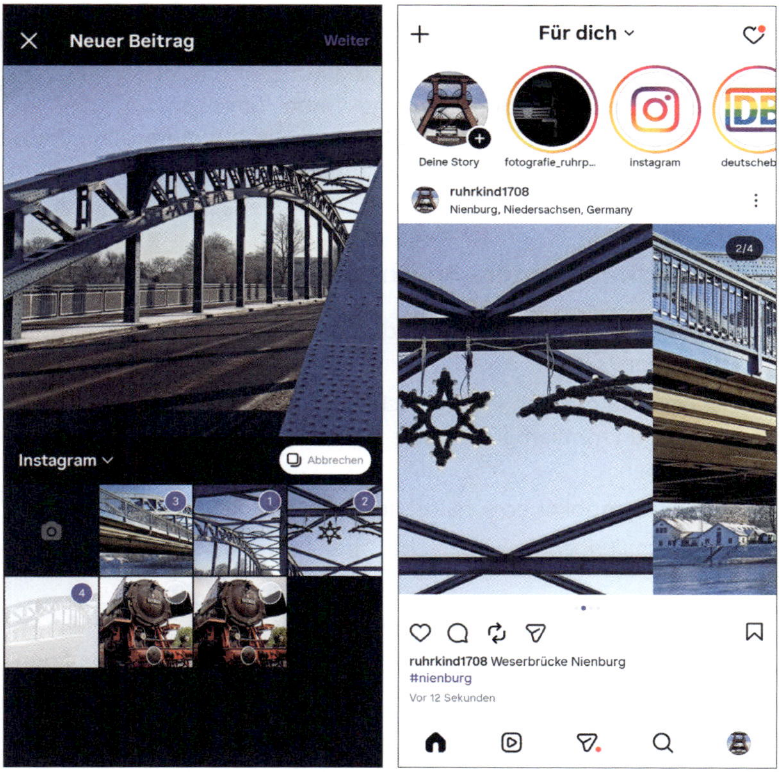

Links: mehrere Bilder auswählen, rechts: Beitrag mit mehreren Bildern anzeigen und zwischen den Bildern wechseln

Betrachten Sie einen Beitrag mit mehreren Bildern, können Sie mit einer horizontalen Wischbewegung zwischen den Bildern wechseln. Eine Zahl oben rechts und die Punkte unterhalb des Bildes zeigen an, welches Bild gerade zu sehen ist.

Fotografieren mit Instagram

Instagram beinhaltet eine eigene Kamerafunktion, um schnell Fotos aufzunehmen und sofort zu versenden, ohne erst die Kamera-App zu öffnen, das Bild zu speichern und später in Instagram zu übernehmen.

Tippen Sie auf das Plussymbol, um einen neuen Beitrag zu erstellen. Tippen Sie auf *Beitrag* und dann ganz am Anfang der Fotoauswahl auf das Kamerasymbol, öffnet sich eine einfache Kamera. Diese erstellt automatisch quadratische Fotos. Ein Raster zeigt, welcher Ausschnitt des Sucherbildes in Instagram übernommen wird.

Die Instagram-Kamera im Überblick

- Tippen Sie auf den runden Auslöser in der Mitte unten, um ein Bild aufzunehmen.
- Das Symbol mit den Pfeilen rechts unten schaltet zwischen Hauptkamera und Frontkamera um. Sie können stattdessen auch doppelt ins Bild tippen.
- Das Blitzsymbol oben schaltet den LED-Blitz ein oder wieder aus.
- Das *Einstellungen*-Symbol rechts oben bietet Einstellungen für die Kamera.
- Mit der typischen Zweifinger-Spreizgeste zoomen Sie im Bild.
- Tippen Sie mitten ins Bild, können Sie den Bereich wählen, auf den Helligkeit und Schärfe automatisch eingestellt werden sollen.

Das Foto wird direkt in den neuen Beitrag übernommen und nicht in der Galerie auf dem Smartphone gespeichert.

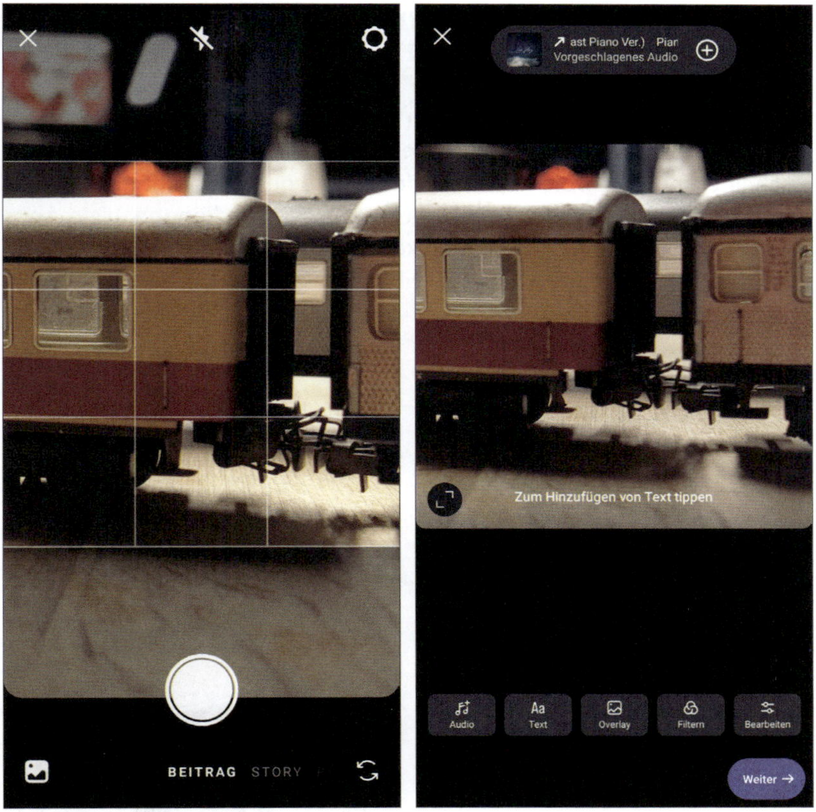

Foto mit der Instagram-Kamera aufnehmen und als Beitrag veröffentlichen

Keine geringere Bildqualität

Im Gegensatz zu WhatsApp und anderen sozialen Netzwerk-Apps mit eingebauter Kamerafunktion komprimiert Instagram die Fotos nicht, um Daten zu sparen. Die Kamera in Instagram fotografiert mit der gleichen Auflösung und Bildqualität wie die Standard-Kamera-App des Smartphones. Allerdings gibt es kaum Einstellungsmöglichkeiten für die Kamera. Auch Effekte und Filter der Standard-Kamera-App sind hier nicht nutzbar.

Bilder aus anderen Apps in Instagram veröffentlichen

Alle Apps, die Bilder bearbeiten oder anzeigen, haben irgendwo auf der Benutzeroberfläche ein *Teilen*-Symbol. Tippen Sie darauf, erscheint eine Liste von Apps, mit denen das gerade geöffnete Bild oder auch mehrere ausgewählte geteilt werden können. Viele Apps zeigen dabei auch eine Liste häufig kontaktierter Personen an, die für Instagram aber nicht relevant ist.

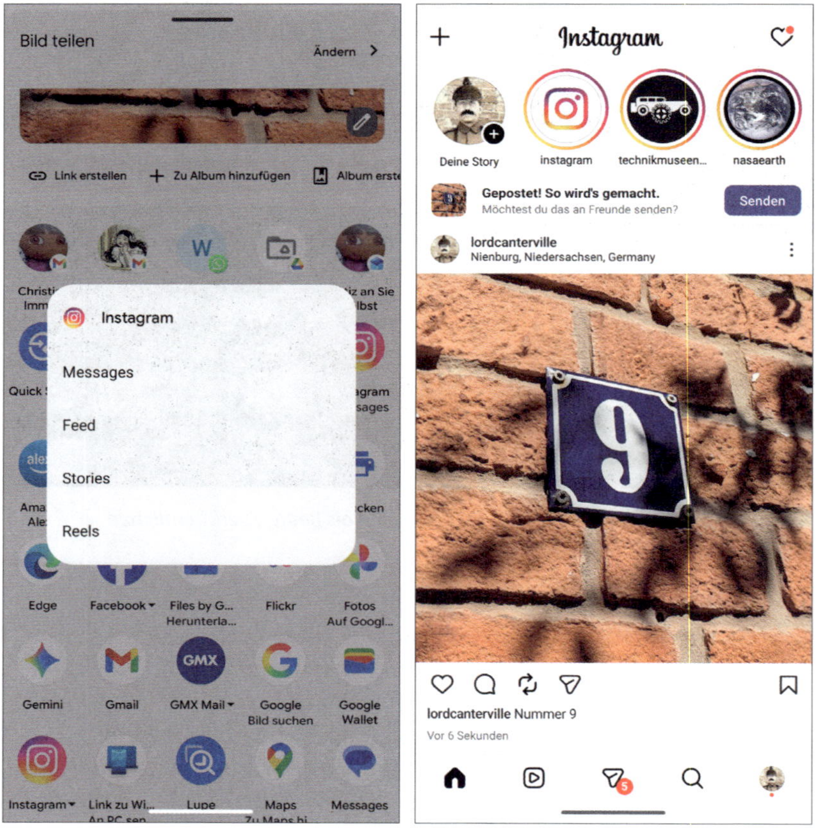

Foto aus Google Fotos in Instagram teilen

Wählen Sie *Instagram Feed*, um das ausgewählte Foto als Beitrag auf Instagram zu veröffentlichen. Bei manchen Apps tippen Sie zuerst auf das Instagram-Symbol und bekommen danach erst die Auswahl zwischen *Feed* und anderen Optionen.

+++ SO GEHT'S AUF DEM IPHONE +++

Öffnen Sie die App *Fotos* und wählen Sie das gewünschte Bild aus. Tippen Sie auf das *Teilen*-Symbol unten links. Wählen Sie dann Instagram aus der Liste der Apps. Sollte Instagram nicht angezeigt werden, tippen Sie ganz rechts auf *Mehr*. Wählen Sie anschließend *Beitrag*, um das Foto als Beitrag auf Instagram zu veröffentlichen. Danach stehen die üblichen Filter und Werkzeuge zur Bearbeitung zur Verfügung.

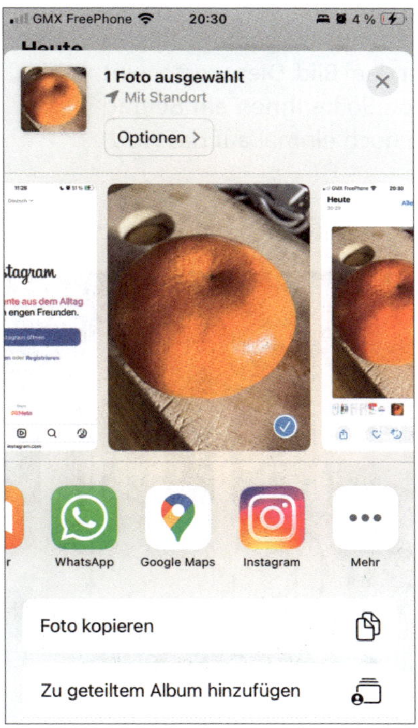

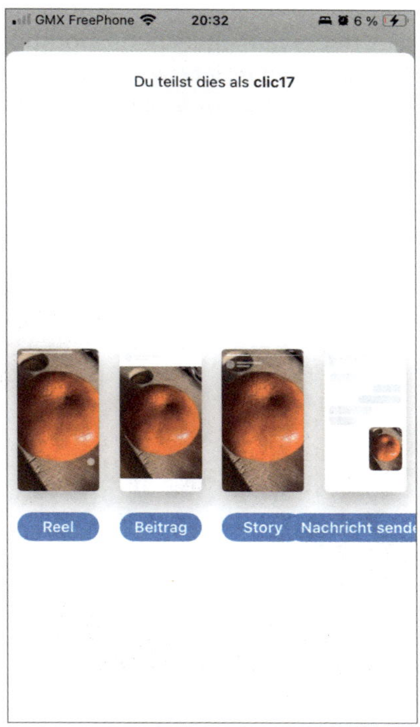

4. Bilder kommentieren und teilen

Fotobeiträge auf Instagram sind keine statischen Fotosammlungen, sondern leben von Kommentaren und der Kommunikation mit den Nutzern. Ähnlich wie bei Facebook kann jeder, der ein Bild betrachtet, einen Like oder auch einen ausführlichen Textkommentar veröffentlichen, der öffentlich unter dem Bild angezeigt wird.

Fotos liken

Wie bei jedem sozialen Netzwerk kann jeder, dem ein Bild gefällt, dies mit einem einfachen Fingertipp öffentlich kundtun. Tippen Sie dazu auf das Herzsymbol links unter dem Bild. Dieses erscheint bei Bildern, die Sie gelikt haben, in Rot. Sollte Ihnen ein Beitrag später nicht mehr gefallen, tippen Sie noch einmal auf das Herz, um den Like zurückzunehmen.

Einen Beitrag liken

Noch einfacher tippen Sie einfach zweimal kurz hintereinander mitten auf das Bild. Auch damit erscheint das Herz in Rot.

Eine Übersicht aller eigenen Likes finden Sie, wenn Sie oben rechts auf das Menü mit den drei Strichen tippen und dann auf *Deine Aktivitäten/„Gefällt mir"-Angaben*. Hier können Sie mehrere Beiträge auf einmal wählen und die Likes zurücknehmen, indem Sie unten auf *Gefällt mir nicht mehr* tippen.

Liken als deutsches Wort

Der Duden hat das Verb *liken* in den deutschen Wortschatz aufgenommen. Dort ist es so definiert: *»[in einem sozialen Netzwerk] im Internet eine Schaltfläche anklicken, um eine positive Bewertung abzugeben«.*

Wenn jemand einen Beitrag likt, wird der Autor des Beitrags in den Benachrichtigungen der Instagram-App benachrichtigt. Diese erreichen Sie über das Herzsymbol oben auf der Instagram-Startseite. Je nach Systemeinstellung erscheinen auch Systembenachrichtigungen, wenn ein eigener Beitrag gelikt wird.

Benachrichtigungen in der Instagram-App und Systembenachrichtigungen

Fotos speichern

Haben Sie ein besonderes Bild entdeckt, können Sie dieses mit dem Lesezeichensymbol rechts unter dem Bild speichern. Beim Speichern können Sie *Collections* anlegen, um bei vielen gespeicherten Bildern besser den Überblick zu behalten. Die gespeicherten Beiträge finden Sie, indem Sie auf der Profilseite auf das Menüsymbol mit den drei Strichen tippen und dann im Menü *Gespeichert* auswählen. Hier finden Sie alle *Collections* und können auch nachträglich Bilder in *Collections* verschieben oder wieder herausnehmen.

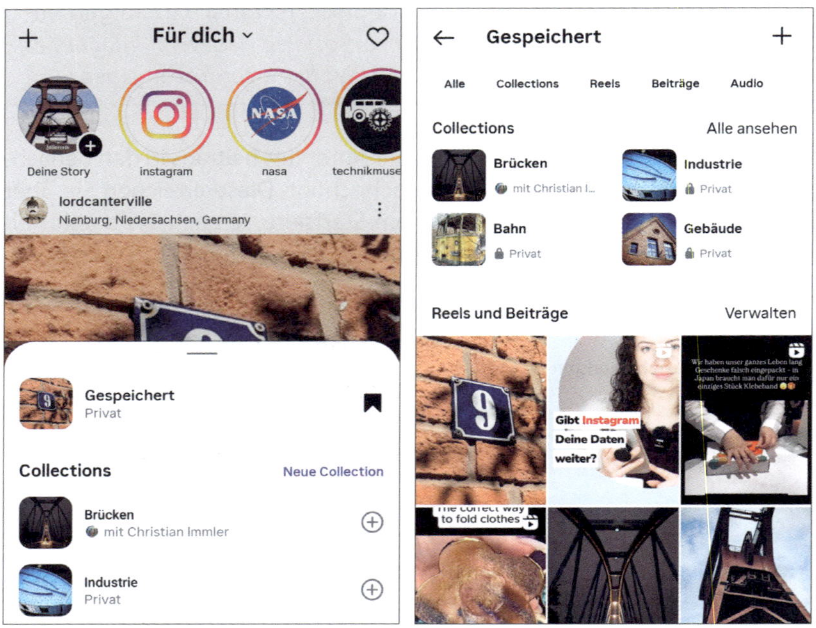

Links: Lieblingsbeiträge in Collections speichern, rechts: Collections anzeigen

Beiträge kommentieren

Ein Kommentar kann eine noch bessere und auch persönlichere Wertschätzung eines Bildes sein. Als Fotograf freut man sich natürlich besonders über Kommentare. Bei manchen Bildern kann sich so eine regelrechte Diskussion entwickeln.

1. Wenn der Link *Kommentieren* nicht angezeigt wird, tippen Sie auf das Kommentarsymbol unterhalb des Beitrags. Jetzt können Sie den Kommentar schreiben. Dazu öffnet sich automatisch die Bildschirmtastatur. Besonders für alle, die mehrere Instagram-Konten verwenden, erscheinen das eigene Profilbild und der Name vor der Eingabe im Eingabefeld.
2. Tippen Sie den Text auf der Bildschirmtastatur und schicken Sie ihn mit dem blauen Pfeil rechts neben dem Eingabefeld ab. In Bruchteilen von Sekunden erscheint der Kommentar unter dem Bild und der Autor des Beitrags wird benachrichtigt.

Nach dem Posten erscheint der Kommentar öffentlich sichtbar mit dem eigenen Profilnamen unter dem Beitrag.

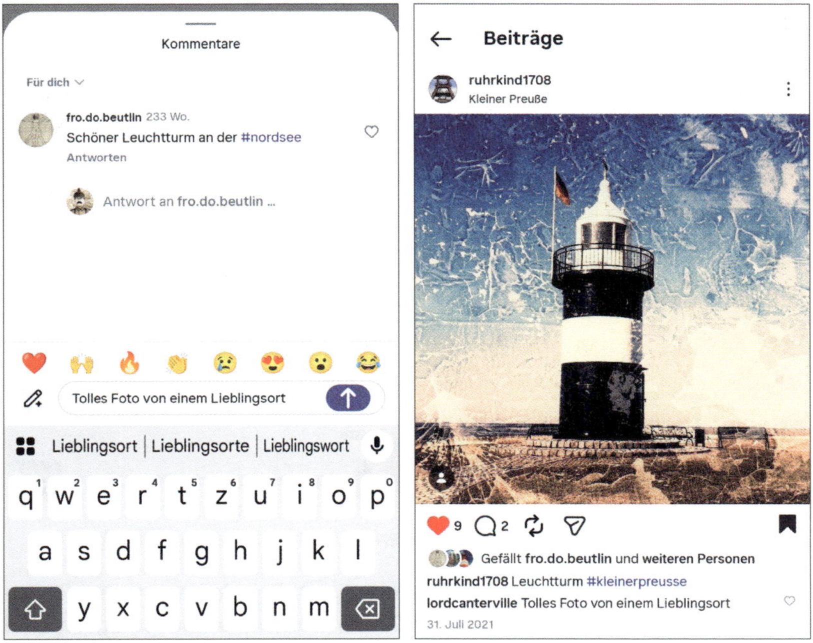

Kommentar zu einem Beitrag schreiben

> **Kommentar liken**
> Hinter jedem Kommentar erscheint ein kleines Herzsymbol. Tippen Sie darauf, um den Kommentar zu liken. Das ist unabhängig davon, ob auch der Beitrag gelikt wird.

Enthält ein Kommentar eine Frage an den Fotografen, sollte man diese auch beantworten. Anstatt einfach einen neuen Kommentar zu schreiben, tippen Sie auf das Wort *Antworten* unterhalb der Frage. Jetzt wird automatisch die Person, die die Frage gestellt hat, erwähnt. Danach können Sie die Antwort eingeben. Diese Antwort erscheint dann nicht als neuer Kommentar, sondern eingerückt unterhalb der Frage.

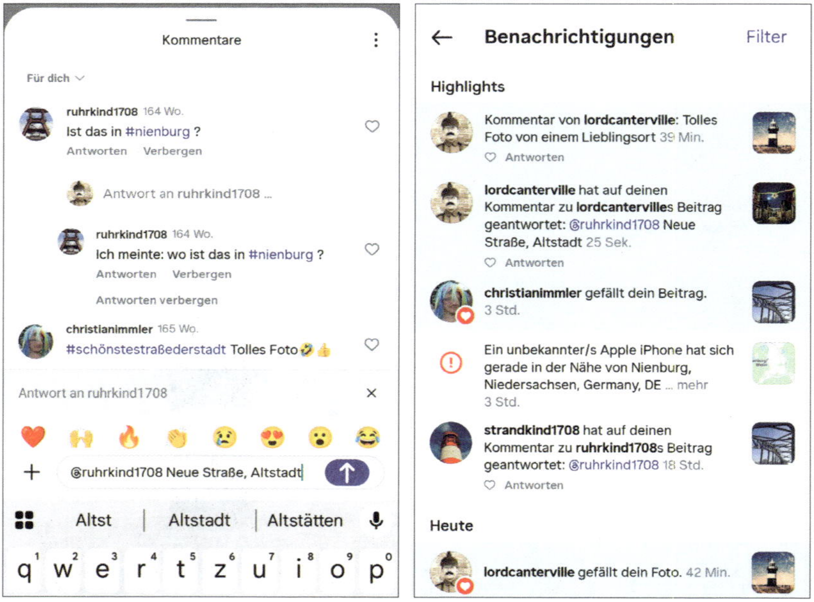

Links: Antworten auf Kommentare, rechts: Benachrichtigung bei Erwähnungen

Natürlich ist es auch möglich, mit dem @-Zeichen jederzeit andere Personen im Text zu erwähnen. Erwähnte Personen erhalten automatisch eine Benachrichtigung in der Instagram-App.

Text kopieren und einfügen

Texte aus E-Mails, Dokumenten, Webseiten oder anderen Apps lassen sich leicht in einen Kommentar oder einen Beitrag kopieren.

Die Zwischenablage in Android steht in diversen unterstützten Apps zur Verfügung. Markieren Sie ein Wort oder einen Textbereich durch Antippen, können Sie diesen direkt in die Zwischenablage kopieren. Ziehen Sie an einem der blauen Griffe, können Sie die Markierung auf einen größeren Textbereich ausdehnen. Über das Menü mit den drei Punkten rechts in der Symbolleiste können Sie in einigen Apps den kompletten Text auswählen.

Halten Sie in Instagram den Finger etwas länger auf dem Eingabefeld für einen Kommentar, erscheint das Symbol *Einfügen*. Tippen Sie darauf, um den kopierten Text einzufügen. Jetzt können Sie in einem kleinen Fenster noch durch den Text blättern und ihn bearbeiten, bevor Sie ihn endgültig abschicken. Links innerhalb kopierter Texte werden automatisch entfernt, da Instagram in Beiträgen und Kommentaren keine Links zulässt.

Die maximale Länge eines Kommentars ist in Instagram auf rund 2.200 Zeichen begrenzt, was ungefähr einer halben Seite einer Zeitschrift entspricht.

Bei besonders langen Texten wird nur der erste Teil angezeigt. Am Ende erscheint automatisch ein Link mit drei Punkten, um den ganzen Text zu lesen.

Kommentarfunktion bei Spamgefahr deaktivieren

Auch wenn die allermeisten Kommentare zu Instagram-Beiträgen positiv und sachlich sind, kann es immer wieder passieren, dass Spammer die Kommentarfunktion auf Instagram missbrauchen oder es in den Kommentaren zu Hassreden kommt.

In diesem Fall, der niemandem zu wünschen ist, kann man die Kommentarfunktion unter den eigenen Beiträgen abschalten. Tippen Sie dazu auf das Menü mit den drei Punkten rechts oberhalb des Beitrags und wählen

Sie *Kommentare deaktivieren*. In diesem Beitrag können Sie jetzt nur noch selbst kommentieren, bei anderen Benutzern ist das Kommentarsymbol deaktiviert.

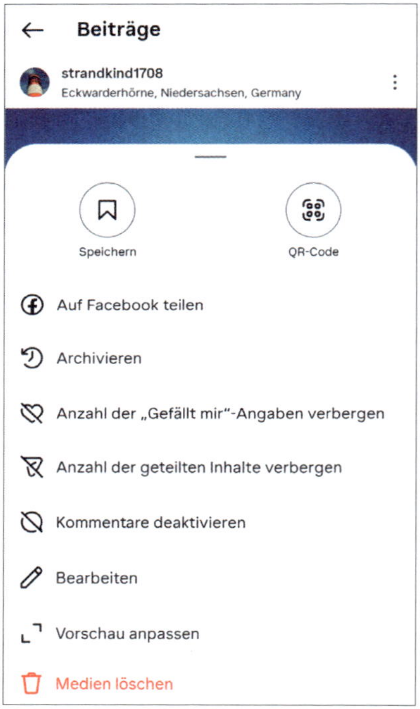

Kommentarfunktion abschalten und Beitrag mit abgeschalteter Kommentarfunktion

Beiträge aus Instagram in anderen Apps versenden

Möchten Sie ein Bild, das Sie auf Instagram gesehen haben, mit Freunden, die nicht auf Instagram sind oder deren Profil Sie nicht kennen, auf anderem Wege teilen, zum Beispiel per E-Mail oder WhatsApp, tippen Sie unter dem Bild auf das *Senden*-Symbol.

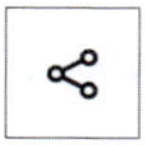

Hier können Sie den Link auf den Instagram-Beitrag direkt per WhatsApp teilen oder Sie wählen *Teilen*, um eine Liste von Apps anzuzeigen, mit denen ein Link auf den Beitrag geteilt werden kann. Wählen Sie die gewünschte App aus, und der Link wird automatisch dort eingefügt, um ihn weiter zu teilen.

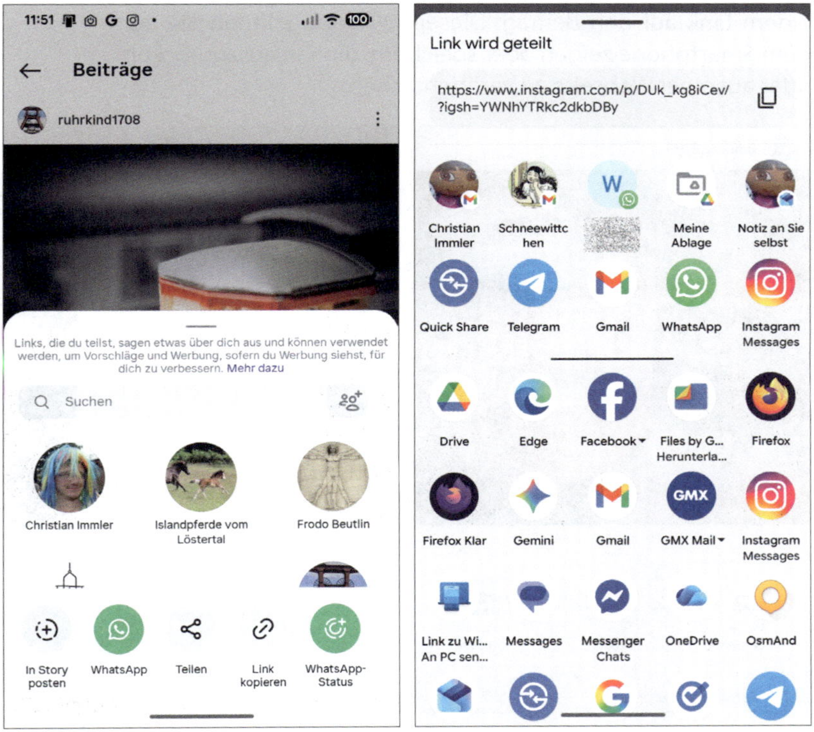

Link aus Instagram über andere Apps teilen

Links für Beiträge aus Instagram erstellen

Die geteilten Links lassen sich auch ohne Instagram-App mit einem Browser öffnen, auch auf dem PC. Tippen Sie auf das Symbol *Link kopieren*, wird der Link auf den jeweiligen Beitrag nicht direkt geteilt, sondern nur in die Zwischenablage kopiert, um ihn auf beliebigem Weg weiterzugeben.

Beiträge aus Instagram per QR-Code teilen

Tippen Sie auf das Menü mit den drei Punkten rechts über einem Beitrag. Das Symbol *QR-Code* erzeugt einen QR-Code mit einem Link auf den Beitrag. Diesen QR-Code können Sie auf dem Smartphone zeigen oder speichern, um ihn auszudrucken oder auf einer Webseite zu veröffentlichen.

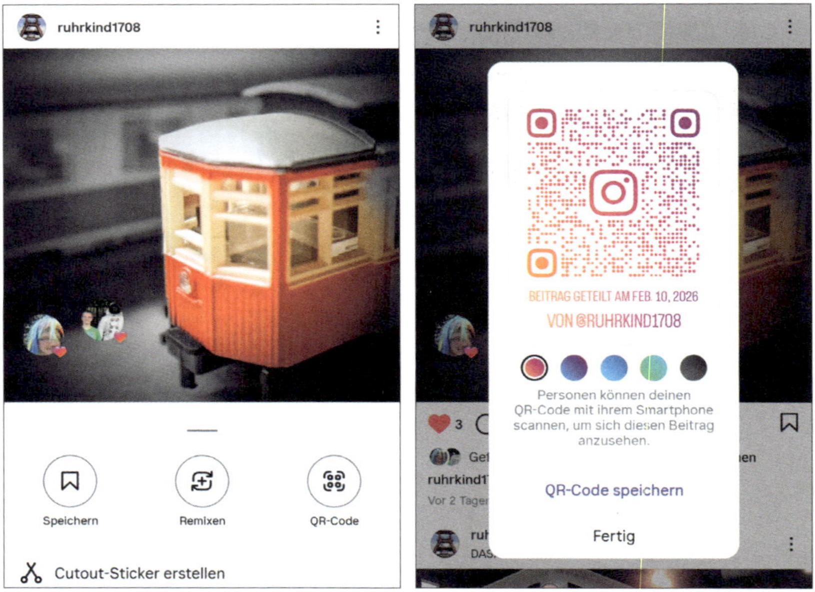

QR-Code für einen Instagram-Beitrag erstellen

> **Was ist ein QR-Code?**
>
> QR-Codes (**Q**uick **R**esponse = schnelle Antwort) bieten eine komfortable Lösung, kleine Datenmengen wie Links offline an ein anderes Smartphone weiterzugeben. Diese grobpixeligen Schwarz-Weiß-Grafiken findet man inzwischen auch auf Fahrscheinen, Visitenkarten und T-Shirts. Auch an Straßenbahnhaltestellen, Fahrkartenautomaten und touristischen Sehenswürdigkeiten sind aktuelle Infos häufig per QR-Code abrufbar.

5. Instagram-Kontakte und Freunde

Instagram zeigt nicht nur schöne Bilder, sondern ist vor allem auch ein soziales Netzwerk. Wie in anderen sozialen Netzwerken spielen Interaktion und Kommunikation mit den Freunden eine wichtige Rolle.

Welchen Profilen folge ich?

Haben Sie interessante Bilder gesehen, brauchen Sie nur auf den Benutzer zu tippen und können diesem Profil folgen, sodass Sie die Beiträge dieses Profils in Ihrem Nachrichtenfeed sehen. Man kann schon nach kurzer Zeit schnell den Überblick verlieren, welchen Profilen man eigentlich folgt.

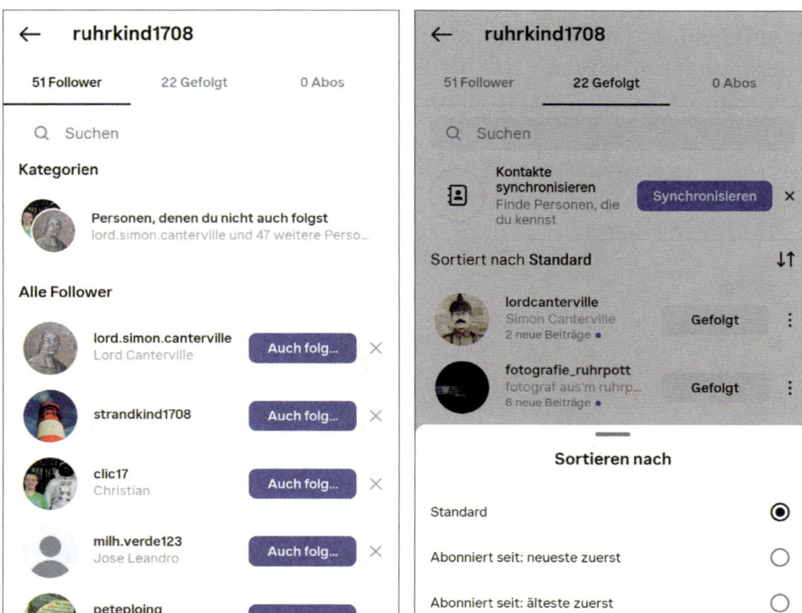

Eigene Abonnenten und Profile, denen Sie folgen

Tippen Sie unten rechts auf Ihr Profilbild, kommen Sie auf die eigene Profilseite. Hier sehen Sie, wie viele Follower – früher als Abonnenten bezeichnet – Sie haben. Tippen Sie auf *Follower*, sehen Sie unter *Gefolgt* auch, welchen anderen Profilen Sie selbst folgen. Tippen Sie auf eine dieser Zahlen, erscheinen Listen der Follower und gefolgten Profile. Mit dem Pfeilsymbol bei *Sortieren nach* können Sie diese Listen nach neuesten oder ältesten sortieren.

Genauso sehen Sie auch, wer einem anderen Profil folgt. Besuchen Sie dazu die entsprechende Profilseite. Auch hier sehen Sie Follower und Gefolgte. Tippen Sie dort auf eine der Zahlen, erscheinen weitere Listen, die gemeinsame Freunde sowie Vorschläge für Profile, denen Sie folgen könnten, zeigen. Diese Vorschläge basieren auf Gemeinsamkeiten des eigenen Profils mit dem gewählten Benutzerprofil.

Persönliche Freunde auf Instagram suchen

Bereits beim ersten Start der Instagram-App schlägt diese vor, das eigene Instagram-Profil mit dem Facebook-Profil zu verbinden oder die eigenen Kontakte mit Instagram zu synchronisieren, um Freunde leichter zu finden.

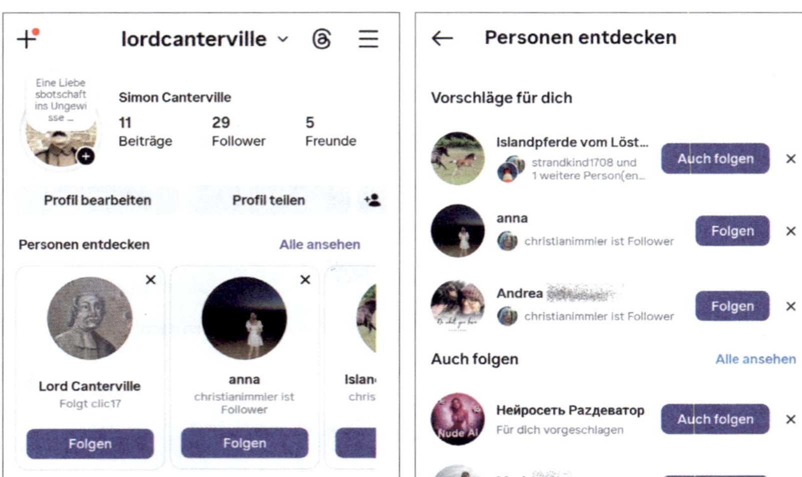

Eigene Freunde auf Instagram finden

Sie können diese Schritte aber auch jederzeit später noch nachholen. Auf Ihrer Profilseite werden im Bereich *Personen entdecken* anhand Ihrer Kontakte Profile vorgeschlagen, denen Sie folgen könnten. Tippen Sie hier auf *Alle ansehen*, erscheint eine deutlich längere Vorschlagsliste. Tippen Sie auf *Folgen* oder *Auch folgen*, um einem Profil zu folgen. Das *x*-Symbol ganz rechts entfernt diesen Vorschlag aus der Liste.

Außerdem können Sie Ihre Kontakte, die auf dem Smartphone oder im Google-Konto gespeichert sind, über die Option *Mit Kontakten verknüpfen* mit Instagram synchronisieren. Wenn jemand von diesen Kontakten ein Instagram-Profil hat, erscheint dieses automatisch bei den Vorschlägen auf der Seite *Entdecke Personen*.

Personen in der Liste suchen

In langen Kontaktlisten ist die gewünschte Person nicht immer leicht zu finden. Mit einer vertikalen Fingerbewegung auf dem Touchscreen können Sie schnell durch die Kontaktliste blättern.

Die Liste der gefolgten Profile lässt sich über das Doppelpfeilsymbol oben rechts nach Zeit, aber nicht nach Namen sortieren. Die Liste der Follower erscheint in einer unsortierten Reihenfolge.

Bestimmte Personen finden Sie, indem Sie oben im Suchfeld die Anfangsbuchstaben des Namens eingeben. Instagram filtert die Liste immer genauer, je mehr Buchstaben bereits eingegeben sind.

Freunde einladen

Haben Sie ein interessantes Instagram-Profil und einige Beiträge erstellt, wird es Zeit, Freunde einzuladen, Ihrem neuen Profil auf Instagram zu folgen. Dazu können Sie Links verschicken, die die Empfänger direkt mit der Instagram-App öffnen können.

1. Tippen Sie oben rechts auf Ihrer Profilseite auf das Menü mit den drei Strichen.

2. Wählen Sie den Menüpunkt *Freunden folgen/Freunde einladen*.
3. Unter *Kontakte* finden Sie alle Kontakte auf dem Smartphone. Im Feld *Suchen* forschen Sie nach bestimmten Kontakten und können dann per SMS oder WhatsApp den Einladungslink verschicken.
4. Mit der Option *Freunde einladen über* verschicken Sie den Einladungslink per E-Mail, Messenger oder über eine andere installierte App.

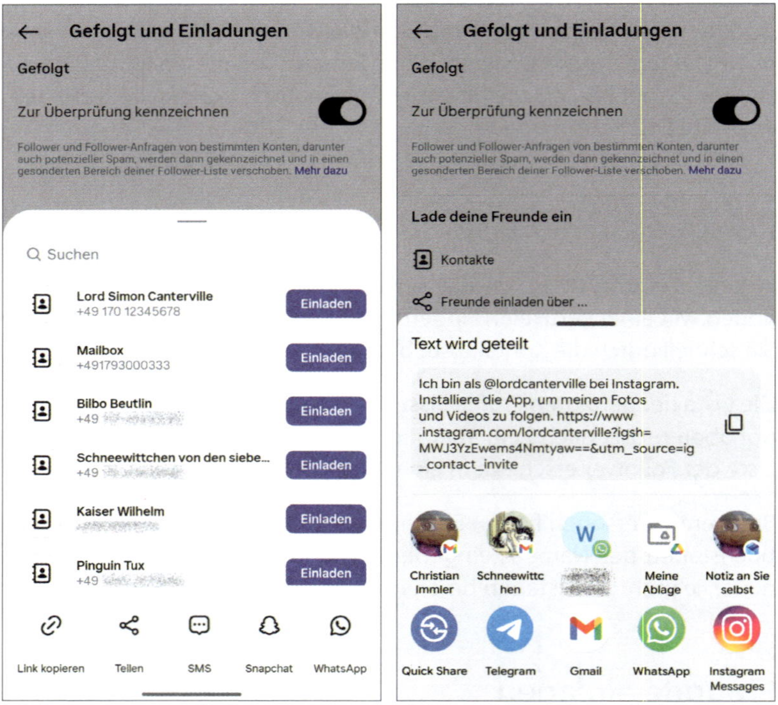

Links: Einladungslink an bestimmte Kontakte senden, rechts: Einladungslink über eine App senden

QR-Code für Freunde

Möchten Sie Freunden, mit denen Sie gerade zusammensitzen, Ihr Instagram-Profil zeigen, müssen Sie nicht erst online Links verschicken. Mit einem QR-Code auf dem Smartphone-Bildschirm geht es viel einfacher.

1. Tippen Sie auf Ihrer Profilseite oben auf *Profil teilen*. Jetzt werden auf dem Bildschirm ein QR-Code und Ihr Profilname angezeigt.

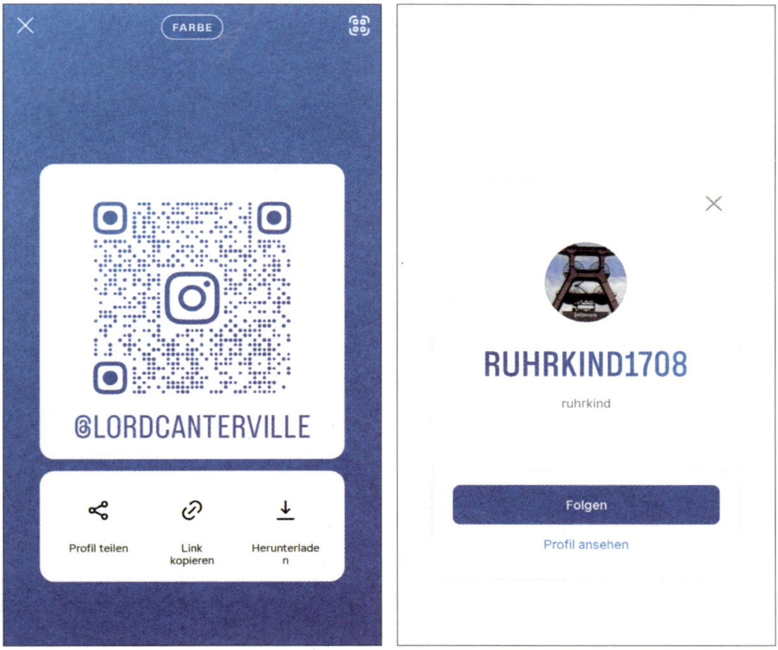

QR-Code mit Link auf das eigene Instagram-Profil auf dem Smartphone anzeigen und anderen QR-Code mit einem Smartphone scannen

2. Die andere Person geht genauso vor, wählt auch *Profil teilen* und klickt dann oben rechts auf das QR-Code-Symbol. Jetzt wird automatisch eine Kamera geöffnet. Scannen Sie damit den QR-Code des anderen Bildschirms. Richten Sie diesen so aus, dass er sich innerhalb der quadratischen Markierung befindet. Je nach Beleuchtung und Kamera wird der QR-Code oft schon erkannt, bevor er sich genau in der Markierung befindet.
3. Wurde der QR-Code erkannt, erscheinen das Profilbild und der Name. Hier können Sie auf *Folgen* tippen, um dem Profil direkt zu folgen, oder zunächst auf *Profil anzeigen*, um die Bilder dieses Benutzerprofils zu sehen, ohne ihm direkt zu folgen.

4. Auf der Seite, die den QR-Code anzeigt, können Sie oben zwischen Emojis, farbigem Hintergrund oder einem Bild wählen. Tippen Sie einfach auf den Hintergrund, um ein Emoji oder eine Farbe auszuwählen, was für die Funktion des QR-Codes allerdings nicht wichtig ist.
5. Mit dem Symbol *Profil teilen* können Sie den QR-Code als Grafik mit einem Einladungstext und Link über andere Apps wie etwa WhatsApp oder E-Mail an Freunde weiterschicken, um Ihr Instagram-Profil bekannt zu machen.

Chatten mit Freunden

Instagram bietet wie fast jedes soziale Netzwerk die Möglichkeit, miteinander per Chat zu kommunizieren. Dazu enthält es einen eigenen Messenger, der durchaus mit dem Facebook Messenger und ähnlichen mithalten kann. Um mit einer Person einen Chat zu beginnen, gibt es verschiedene Möglichkeiten:

- Besuchen Sie das Profil dieser Person und tippen Sie auf *Nachricht*. Jetzt können Sie direkt anfangen zu chatten.
- Tippen Sie auf der Startseite unten auf das Nachrichtensymbol. Hier sehen Sie alle Chats, in denen Sie Nachrichten erhalten oder in letzter Zeit selbst Nachrichten geschrieben haben. Liegen neue ungelesene Nachrichten vor, zeigt das Symbol einen roten Punkt.

Von der Profilseite einer anderen Person kommen Sie über den Button *Nachricht* direkt in das Chat-Fenster, wo Sie sofort drauflostippen können. Auf der Nachrichtenseite sehen Sie aktuelle Chats. Bei jeder Person sind das Profilbild und der letzte Text zu sehen. Fett dargestellte Nachrichten wurden noch nicht gelesen.

Um Spam zu vermeiden, müssen Sie die erste Nachricht eines bisher unbekannten Chat-Partners, dem Sie nicht auf Instagram folgen, erst einmal annehmen. Andernfalls kann diese Person Ihnen keine weiteren Nachrichten schicken. Nach dem einmaligen Annehmen können Sie mit der Person chatten.

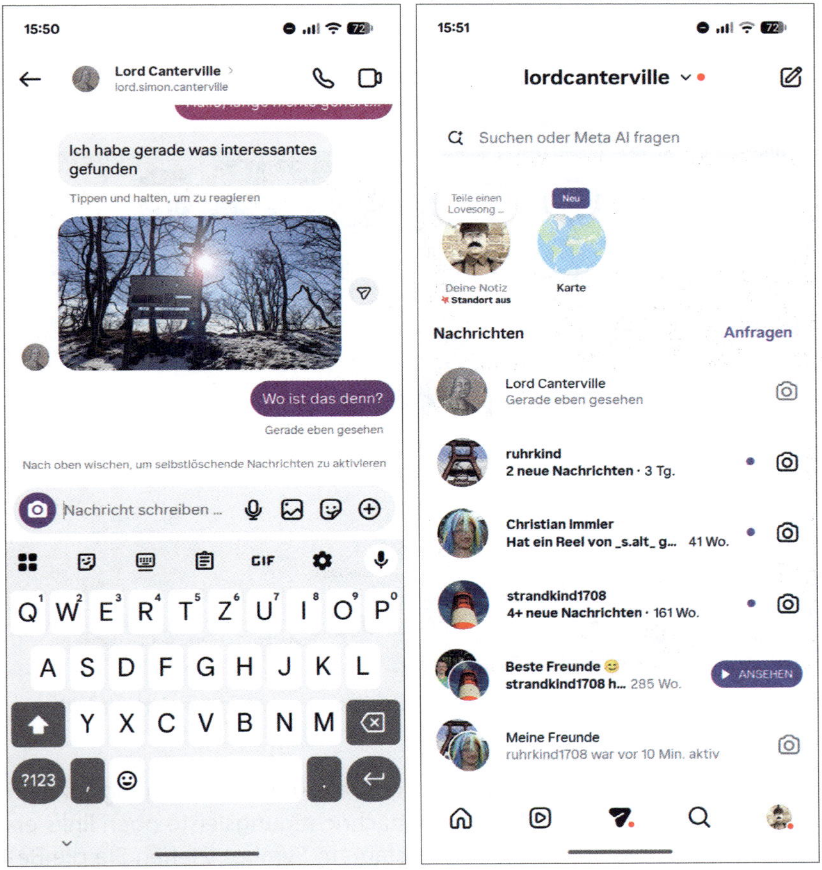

Links: Chat-Fenster, rechts: Übersichtsseite aktueller Chats

Anschließend können beide Personen Nachrichten in den Chat schreiben. Statt einer aufwendigen Antwort reicht es manchmal, kurz doppelt auf eine Nachricht des Chat-Partners zu tippen, um diese mit einem roten Herz, dem Like-Symbol von Instagram, zu versehen.

Tippen Sie im Chat oben auf den Profilnamen, erscheint eine Detailseite, auf der Sie Nachrichten und Anrufe dieser Person stummschalten können oder die Person als Spam melden und blockieren.

Neue Nachricht kommt an

Kommt eine Instagram-Nachricht an, ertönt je nach Systemeinstellung ein Klingelton und die LED des Smartphones blinkt.

Neu eingegangene Nachrichten auf dem Startbildschirm und in den Benachrichtigungen

Auch bei ausgeschaltetem Bildschirm kann eine Benachrichtigung auf dem Sperrbildschirm erscheinen. In der Benachrichtigungsleiste oben links erscheint bei neuen Nachrichten ein Instagram-Symbol. Ziehen Sie die Benachrichtigungsleiste vom oberen Bildschirmrand herunter, sehen Sie, wer Ihnen geschrieben hat, und – wenn die Nachricht kurz genug ist – auch den Text. Tippen Sie auf die Benachrichtigung, kommen Sie direkt zum Chat in der Instagram-App.

Die Chat-Ansicht in Instagram zeigt immer die letzten Chats an. Hier können Sie schnell antworten. Selbst Vielnutzer chatten immer wieder mit den gleichen etwa 10–20 Personen, auch wenn Hunderte in der Kontaktliste stehen. In der Chat-Ansicht sehen Sie auch, welche neuen Nachrichten noch nicht gelesen wurden und von welchen Personen diese stammen.

Das Chat-Symbol in der Instagram-App weist mit einem auffälligen roten Punkt auf neue, ungelesene Nachrichten hin.

Das Symbol der Instagram-App auf dem Startbildschirm und in der App-Liste zeigt einen sogenannten Benachrichtigungspunkt. Das bedeutet, in dieser App liegt eine aktuelle Benachrichtigung vor, in diesem Fall eine entgangene Nachricht.

> **Benachrichtigungen anpassen**
> In Kapitel 8 unter der Überschrift »Benachrichtigungen« finden Sie Tipps, wie Sie Klingeltöne und Systembenachrichtigungen in Instagram Ihren persönlichen Nutzergewohnheiten anpassen können.

+++ SO GEHT'S AUF DEM IPHONE +++

Benachrichtigungen über neue Nachrichten erscheinen auf dem Sperrbildschirm, am Chat-Symbol und in der Chat-Übersicht. Eine Benachrichtigungs-LED gibt es nicht.

Neue Nachricht schreiben

Auf dem Chat-Bildschirm sehen Sie die letzten Chats sowie weitere Vorschläge. Diesen Personen können Sie direkt schreiben. Möchten Sie einer anderen Person eine neue Nachricht schreiben, tippen Sie ein paar Buchstaben in das Suchfeld oben. Jetzt erhalten Sie Vorschläge für Benutzerprofile, die diese Zeichen im Namen oder in ihrer Profilbeschreibung haben.

Eine weitere Möglichkeit bietet das *Schreiben*-Symbol oben rechts auf dem Chat-Bildschirm. Tippen Sie darauf, erscheint eine Liste, in der Sie die gewünschten Personen auswählen können.

Nachricht zurückrufen

Immer wieder kommt es vor, dass man eine Nachricht löschen möchte. Weniger, um den Chat-Verlauf übersichtlich zu halten, sondern eher, um eine Nachricht ungeschehen zu machen, bevor der Chat-Partner sie liest. Dies funktioniert natürlich nur mit Nachrichten, die man selbst geschrieben hat.

1. Markieren Sie eine Nachricht durch langes Antippen. Tippen Sie auf *Zurückrufen*, um die Nachricht zu löschen.
2. Tippen Sie auf dem nächsten Bildschirm ebenfalls auf *Zurückrufen*. Im Gegensatz zu WhatsApp und manchen anderen Messengern bekommt der Chat-Partner keine Mitteilung, dass eine Nachricht gelöscht wurde. Allerdings kann es sein, dass er sie bereits vor dem Zurückrufen gelesen hat.

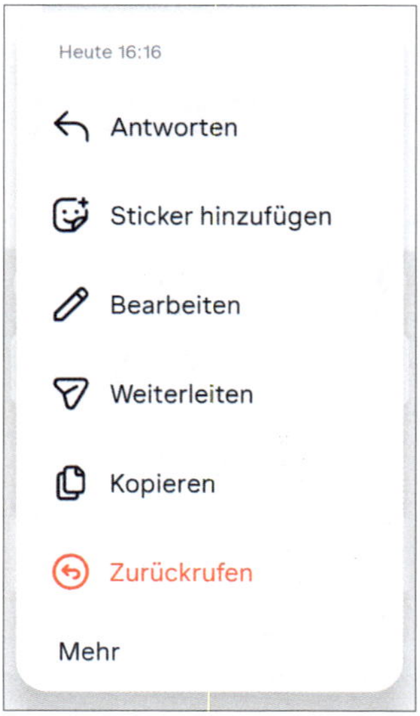

Nachricht aus dem Chat-Verlauf löschen

Beiträge weiterleiten

Haben Sie ein interessantes Foto auf Instagram entdeckt, können Sie den Link über den Chat an Freunde weiterleiten. Natürlich können Sie auf diese Weise auch einzelne Freunde auf ein Foto von Ihnen selbst aufmerksam machen.

1. Tippen Sie auf das Nachrichtensymbol neben dem Like-Symbol links unterhalb des Bildes.
2. Auf dem nächsten Bildschirm wählen Sie einen oder mehrere Empfänger aus, denen das Bild mit Link auf den Beitrag als Nachricht zugestellt werden soll. Geben Sie noch einen Text ein und tippen Sie auf *Senden*.
3. An dieser Stelle können Sie den Beitrag auch über WhatsApp, Facebook oder eine andere installierte App teilen.

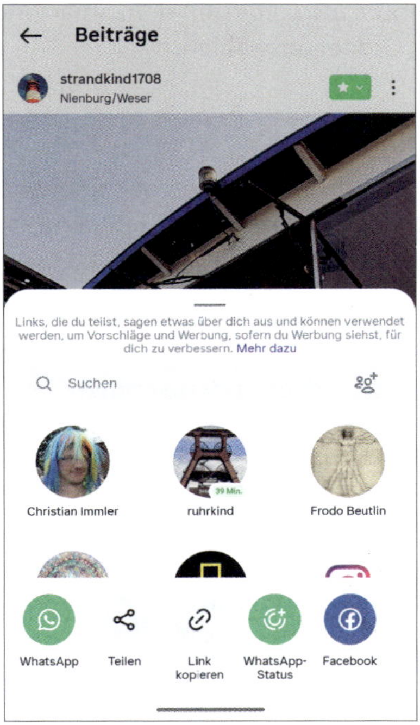

Link auf einen Beitrag per Chat teilen

Bilder im Chat senden

Über den Instagram-Chat können Sie auch private Bilder an Freunde schicken, ohne sie vorher auf Instagram als Beitrag zu veröffentlichen.

1. Tippen Sie im Eingabefeld eines Chats auf das Symbol *Bilder*, um eines oder mehrere auf dem Smartphone gespeicherte Fotos auszuwählen. Bestimmen Sie hier das gewünschte Foto, um es zu versenden. Im Listenfeld oben können Sie neueste Bilder, Favoriten, Google Fotos oder aus einer Liste von Fotoordnern auf dem Smartphone wählen.
2. Sie können auch mehrere Bilder auswählen. Tippen Sie auf das Symbol *Senden* rechts unten, um die gewählten Bilder zu verschicken.

Der Empfänger kann ein über den Chat erhaltenes Bild durch längeres Antippen auf seinem Smartphone speichern oder weiterleiten. Die heruntergeladenen Bilder werden im Album *Instagram* auf dem Smartphone gesichert. Man kann keinen anderen Ordner auswählen.

Sticker und GIFs im Chat

Sticker sind kleine Cartoons, die im Chat verwendet werden können. Sie werden nicht wie Emojis anstelle von Buchstaben in den Text eingebaut, sondern als Bild gesendet.

Tippen Sie auf das *Sticker*-Symbol im Texteingabefeld. Jetzt erscheinen einige zufällig ausgewählte Sticker. In den meisten Fällen wollen Sie auch nicht irgendeinen Sticker versenden, sondern einen zum Thema passenden. Geben Sie dazu in das Suchfeld oberhalb der Sticker-Palette einen Suchbegriff ein, werden passende Sticker angezeigt, von denen Sie einen auswählen können. Dieser wird wie ein Foto beim Chat-Partner im Chat angezeigt. Im Internet kursieren Millionen kleiner animierter Bilder im GIF-Format zu den unterschiedlichsten Themen. Auch solche GIFs können in Chats verwendet werden.

Die GIFs lassen sich ähnlich wie Sticker suchen und einfügen. Tippen Sie in der Sticker-Palette ganz unten auf das GIF-Symbol. Geben Sie auch hier im Suchfeld ein Stichwort ein, sucht Instagram mithilfe der GIPHY-Suche nach passenden GIFs. Tippen Sie das gewünschte Bild an, um es zu versenden.

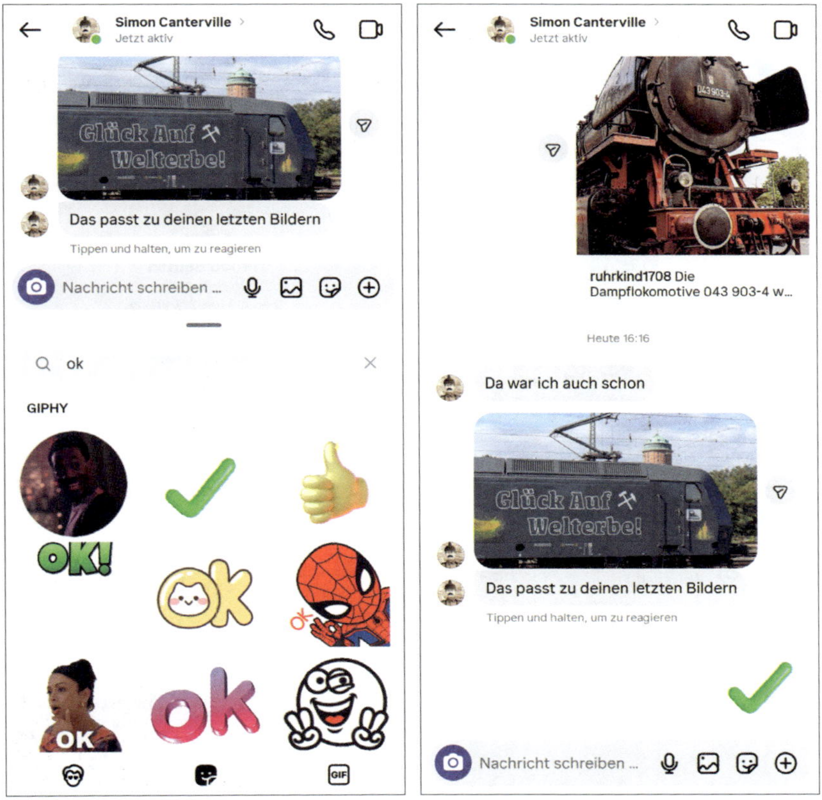

Sticker auswählen und als Nachricht versenden

Nachrichten weiterleiten

Wie fast alle anderen Messenger bietet auch Instagram die Möglichkeit, Nachrichten direkt an andere Personen weiterzuleiten.

Tippen Sie dazu länger auf die Nachricht und wählen Sie *Weiterleiten*. Bei Bildern können Sie auch auf das runde Nachrichtensymbol neben dem Bild tippen.

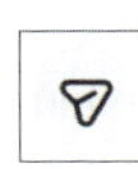

Anschließend wählen Sie eine oder mehrere Personen aus, an die Sie die Nachricht weiterleiten möchten.

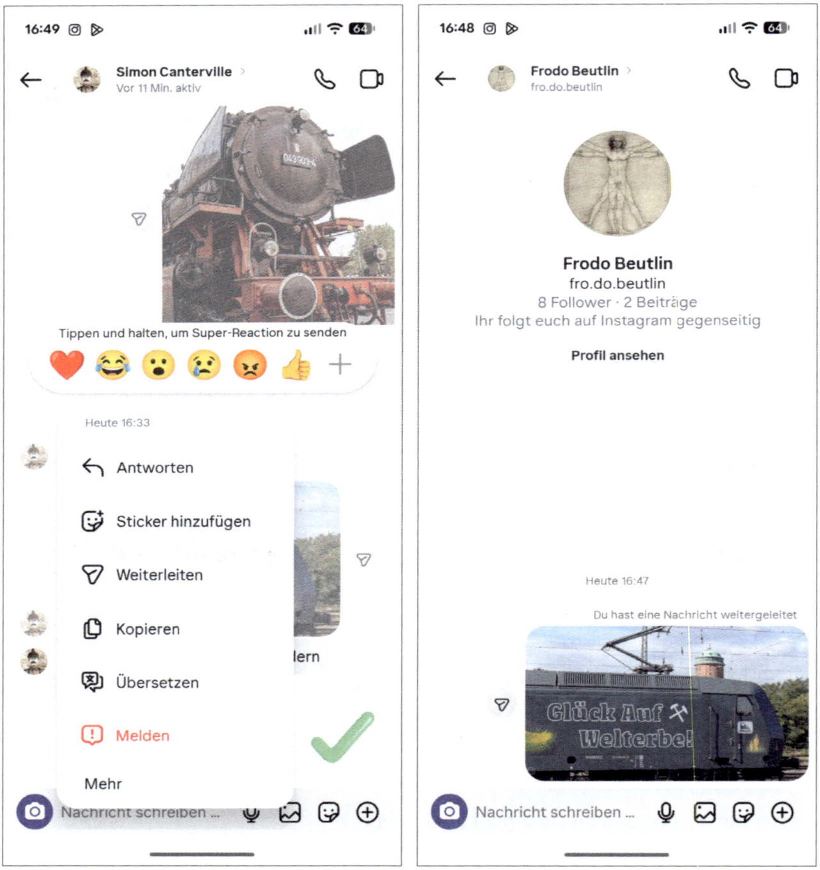

Nachrichten weiterleiten

Lästige Personen stummschalten

Manche Menschen haben einen gesteigerten Kommunikationsdrang und teilen im Minutentakt irgendwelche Nachrichten mit ihren Freunden. Haben Sie so eine Person in Ihren Kontakten und möchten an der Konversation zwar teilhaben, aber nicht über jede neue Nachricht lautstark benachrichtigt werden, schalten Sie diese Person zumindest eine Zeit lang stumm.

Dafür gibt es zwei Möglichkeiten:

- Tippen Sie in einem Chat oben auf den Namen des Chat-Partners und aktivieren Sie auf dem nächsten Bildschirm den Schalter *Stummschalten*. Wählen Sie aus, ob Sie Nachrichten, Anrufe oder beides stummschalten möchten, und auch wie lange.
- Tippen Sie in der Liste aller Chats länger auf einen Chat und tippen Sie dann auf *Nachrichten stummschalten*.

In der Chat-Liste wird ein durchgestrichener Lautsprecher bei stummgeschalteten Personen angezeigt.

Mit den gleichen Methoden können Sie die Stummschaltung von Chats jederzeit wieder aufheben.

Chat löschen

Tippen Sie in der Chat-Übersicht länger auf eine Person, können Sie den Chat-Verlauf komplett leeren. Dies gilt aber nur für Ihr eigenes Smartphone, beim Chat-Partner bleibt der Verlauf erhalten.

+++ SO GEHT'S AUF DEM IPHONE +++

Tippen Sie in der Chat-Übersicht länger auf einen Chat, um ihn stummzuschalten oder zu löschen.

Gruppenchats

Mit Gruppenchats kann eine Familie, ein Freundeskreis, eine Schulklasse oder ein Verein sich gegenseitig auf dem Laufenden halten. Grundsätzlich kann jeder in die Gruppe schreiben und auch neue Gruppenmitglieder einladen. Alle Gruppenmitglieder sehen die Nachrichten sofort und können sich an der Diskussion beteiligen.

Gruppen anlegen

1. Um eine neue Gruppe anzulegen, schreiben Sie eine neue Nachricht.
2. Nachdem Sie die erste Person ausgewählt haben, tippen Sie rechts im Feld *An:* auf das Plussymbol.
3. Wählen Sie jetzt alle Kontakte aus, die in die Gruppe aufgenommen werden sollen. Tippen Sie anschließend oben rechts auf *Hinzufügen*.
4. Schreiben Sie die erste Nachricht. Die Gruppe ist damit automatisch gegründet.

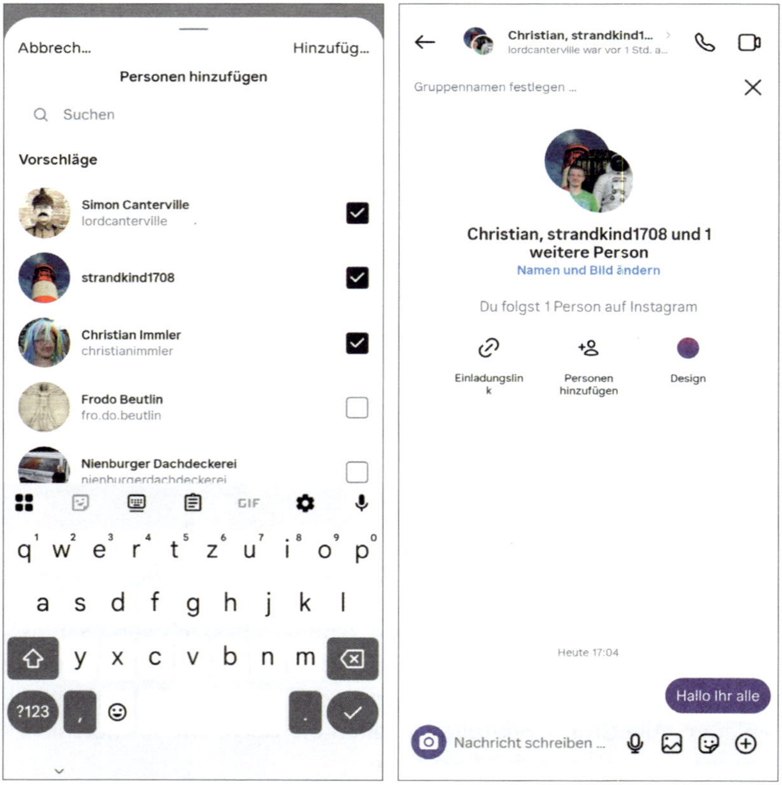

Gruppenchat anlegen

Gruppen benennen

Am Anfang hat die Gruppe keinen Namen und wird nur als Liste der Gruppenmitglieder angezeigt. Geben Sie der Gruppe einen Namen, indem Sie oben auf *Namen und Bild ändern* tippen. Unter diesem neuen Namen taucht die Gruppe bei allen Gruppenmitgliedern in der Chat-Übersicht auf. Wählen Sie also einen Namen, unter dem sich alle etwas vorstellen können. Der Name kann bis zu 25 Zeichen lang sein und darf auch Emojis enthalten. Jede Änderung des Gruppennamens wird automatisch in der Gruppe angezeigt, damit sich die Gruppenmitglieder nicht wundern. Auf diesem Bildschirm können Sie auch ein Symbolbild für die Gruppe auswählen.

Alle Gruppenmitglieder finden die Gruppe in ihrer Chat-Übersicht und können Nachrichten schreiben. Nach dem Absenden erscheint sie bei allen Gruppenmitgliedern im Gruppenchat. In Gruppenchats wird bei jeder empfangenen Nachricht zusätzlich zum Profilbild des Absenders auch dessen Name angezeigt.

Gruppe umbenennen

Eine Gruppe kann jederzeit später wieder umbenannt werden. Tippen Sie dazu im Gruppenchat wieder auf *Namen und Bild ändern*.

Vorsicht bei Gruppennamen

Vermeiden Sie Gruppennamen, die gewaltverherrlichend, rassistisch oder pornografisch klingen. Instagram sperrt Berichten zufolge in einigen Fällen Konten von Mitgliedern in solchen Gruppen. Das betrifft nicht nur den Gruppen-Administrator.

Person in einem Gruppenchat erwähnen

Möchten Sie eine Person innerhalb der Gruppe mit einer Gruppennachricht ansprechen, schreiben Sie das Zeichen @. Dann taucht eine Liste der Gruppenmitglieder auf, in der Sie die Person auswählen. Zusätzlich zur Gruppennachricht erhält die erwähnte Person noch eine zusätzliche Benachrichtigung. Hier erklingt auch ein Ton, wenn diese Person Gruppenbenachrichtigungen stummgestellt hat. In der Chat-Liste wird der Gruppenchat zusätzlich mit einem roten Megafon markiert. *@everyone* benachrichtigt alle Personen in der Gruppe.

Person aus einem Gruppenchat direkt ansprechen

Um eine Person, die in der Gruppe etwas geschrieben hat, direkt außerhalb der Gruppe zu kontaktieren, tippen Sie auf das Profilbild der Person neben einer Nachricht, die diese geschrieben hat. Damit kommen Sie auf das Profil dieser Person. Tippen Sie auf *Nachricht*, um eine persönliche Nachricht zu schreiben.

Gruppenmitglieder hinzufügen

In der Grundeinstellung kann jedes Gruppenmitglied weitere Personen zur Gruppe hinzufügen. Admins können aber in jedem Gruppenchat festlegen, dass eine Beitrittsgenehmigung durch einen Admin erforderlich ist, wenn Gruppenmitglieder weitere Personen hinzufügen möchten.

1. Tippen Sie im Gruppenchat oben auf den Gruppennamen. Auf dem nächsten Bildschirm tippen Sie auf *Personen*. Hier sehen Sie alle Gruppenmitglieder.
2. Tippen Sie rechts oben auf *Personen hinzufügen*. Auf dem nächsten Bildschirm können Sie eine oder mehrere Personen auswählen, um sie der Gruppe hinzuzufügen.

Gruppe stummschalten

Gruppen mit vielen Nachrichten lassen ständig Benachrichtigungen ertönen, was auf Dauer sehr lästig sein kann. Sie müssen deshalb aber nicht gleich das Smartphone komplett auf lautlos schalten.

Gruppenchats können ähnlich wie Chats mit einzelnen Personen durch Antippen des Gruppennamens oben im Chat stummgeschaltet werden.

Gruppe verlassen

Sie können jederzeit eine Gruppe verlassen und erhalten dann keine Nachrichten aus dieser Gruppe mehr. Tippen Sie auf der Detailseite einer Gruppe auf das Menüsymbol *Optionen* und dann auf *Verlassen*. Jetzt erscheint noch eine Frage, ob Sie die Gruppe wirklich verlassen wollen. Sie können dieser Gruppe selbst nicht mehr beitreten. Ein Gruppenmitglied muss Sie wieder neu hinzufügen.

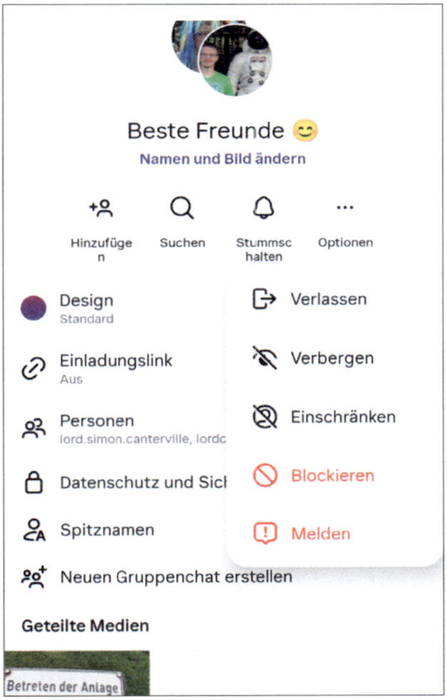

Gruppe verlassen

Aufgaben der Gruppen-Administratoren

Wer eine Gruppe angelegt hat, der ist automatisch Administrator dieser Gruppe und hat damit die Berechtigung, andere zum Administrator zu machen oder auch Personen aus der Gruppe zu werfen.

Personen aus der Gruppe werfen

Nur Gruppen-Administratoren können andere Personen aus der Gruppe entfernen. Tippen Sie dazu in der Personenliste der Gruppe auf die drei Punkte bei der gewünschten Person. Nur Administratoren sehen dort die Option *Person entfernen*. Eine entfernte Person kann jederzeit wieder der Gruppe hinzugefügt werden.

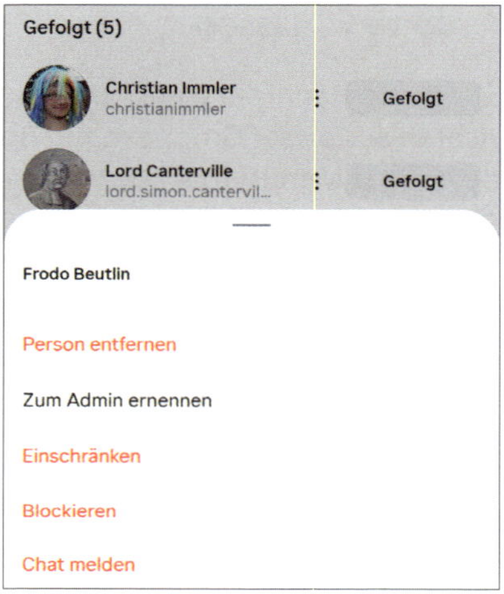

Person aus einer Gruppe werfen

Personen zu Gruppen-Administratoren ernennen

Gruppen können mehrere Gruppen-Administratoren haben, so braucht sich nicht eine Person allein um die Gruppe zu kümmern. Tippen Sie als Gruppen-Administrator auf der Detailseite der Gruppe auf die drei Punkte hinter einer Person, erscheint ein Menü. Hier können Sie die Person *Zum Admin ernennen*. Sie hat dann die gleichen Administratorrechte. Auf diese Weise können Sie später auch den Administratorstatus einer Person entfernen. Nur wer eine Gruppe gegründet hat, bleibt immer Gruppen-Administrator und kann nicht von anderen Administratoren heruntergestuft werden.

Gruppenbeitritt genehmigen

In der Grundeinstellung kann jedes Gruppenmitglied weitere Personen zur Gruppe hinzufügen. Administratoren können diese Möglichkeit mit dem Schalter *Beitrittsgenehmigung erforderlich* auf der Detailseite der Gruppe einschränken.

1. Wenn jetzt jemand aus der Gruppe ein neues Gruppenmitglied hinzufügen möchte, wird eine Meldung angezeigt, dass die Genehmigung eines Administrators benötigt wird.

2. Administratoren bekommen auf der Detailseite dieses Gruppenchats die Anfragen für neue Gruppenmitglieder angezeigt.
3. Diese können sie zum Gruppenchat hinzufügen oder über das Menü mit den drei Punkten auch ablehnen.
4. Erst jetzt bekommt das neue Gruppenmitglied die Anfrage zum Beitritt der Gruppe. Erst wenn diese bestätigt wurde, ist man tatsächlich Mitglied der Gruppe.

Sprachnachrichten im Instagram-Chat

Haben Sie gerade keine Hand zum Tippen frei? Instagram bietet die Möglichkeit, Sprachnachrichten zu versenden, die der Chat-Partner anhören kann. Das macht das Chatten auch für kleine Kinder vor dem Lesealter und andere Personen möglich, die Schwierigkeiten mit der Bedienung der Touch-Tastatur haben.

1. Tippen Sie in einem Chat auf das Mikrofonsymbol unten rechts im Texteingabefeld eines Chats und halten Sie es fest.
2. Sprechen Sie in das Mikrofon des Smartphones. Solange Sie das Mikrofonsymbol festhalten, wird die Sprachnachricht aufgenommen. Lassen Sie es los, wird diese automatisch gesendet, ohne dass Sie einen Button wie bei Textnachrichten antippen müssen.
3. Der Versand einer Sprachnachricht dauert, bedingt durch das Datenvolumen von etwa 1 MB pro Minute, etwas länger als bei einer Textnachricht.
4. Der Empfänger findet die Sprachnachricht in seinem Chat und kann sie durch einfaches Antippen anhören.
5. Sprachnachrichten sind für den Absender einfach (man braucht nicht zu tippen), für den Empfänger aber umso lästiger. Sie kosten viel Zeit und lassen sich in der Öffentlichkeit oder in lauten Umgebungen oft nur schwer abhören. Außerdem lassen sich Sprachnachrichten nicht durchsuchen. Man findet eine Information also nicht, ohne die Nachricht erst anzuhören. Aus diesen Gründen bietet Instagram die Möglichkeit, eingegangene Sprachnachrichten zu transkribieren, also in lesbaren Text

umzuwandeln. Tippen Sie in der empfangenen Sprachnachricht auf die Zeile *Transkript ansehen*, erscheint die Sprachnachricht als Text. Sie brauchen sie dazu nicht anzuhören.

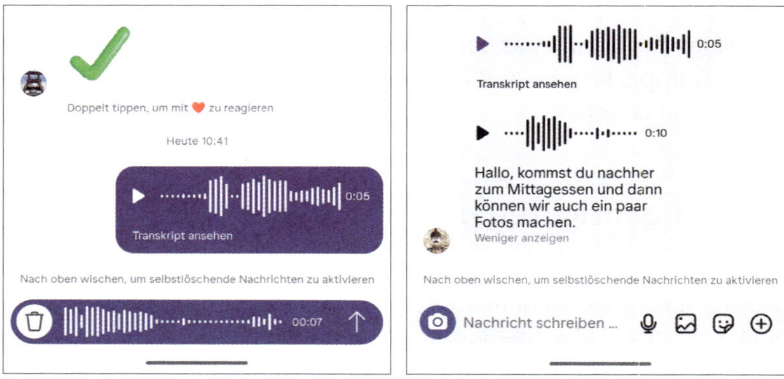

Sprachnachricht aufnehmen, absenden, empfangen und transkribieren

Sprachnachrichten leise anhören

Immer wieder sieht man Leute, die ihr Smartphone waagerecht ans Ohr halten, was höchst unnatürlich und verkrampft wirkt. Sie wollen auf diese Weise vermeiden, dass in der Öffentlichkeit jemand ihre Sprachnachrichten mithört. Dabei geht es auch einfacher: Jedes moderne Smartphone hat einen Annäherungssensor eingebaut. Sie brauchen es nur ganz normal – wie zum Telefonieren – ans Ohr zu halten. Damit wird der Lautsprecher ausgeschaltet und die Sprachnachricht über den Telefonhörer abgespielt.

Sprachaufnahme abbrechen

Möchten Sie die Aufnahme abbrechen, ohne die Sprachnachricht zu versenden, tippen Sie links auf den Papierkorb. Die Sprachnachricht wird verworfen.

Sprachaufnahme abbrechen

Textnachricht in Instagram-Chat sprechen

Mit der auf den meisten Android-Smartphones vorinstallierten Spracherkennung können Sie per Spracheingabe Instagram-Textnachrichten versenden, die der Empfänger wie jeden anderen Text lesen kann und nicht anzuhören braucht.

Tippen Sie in das Texteingabefeld und dann auf das kleine Mikrofonsymbol rechts neben den Symbolen oberhalb der Tastatur – nicht auf das Mikrofonsymbol für Sprachnachrichten im Texteingabefeld. Jetzt können Sie Text sprechen, der automatisch in geschriebenen Text umgesetzt wird. Vor dem Senden können Sie den Text noch bearbeiten, um eventuelle Fehler zu korrigieren.

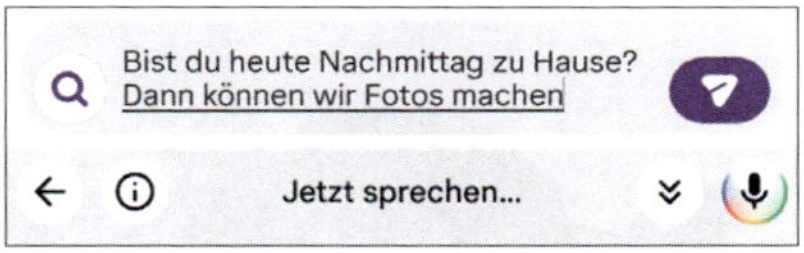

Textnachrichten im Texteingabefeld sprechen und senden

+++ SO GEHT'S AUF DEM IPHONE +++

Das Mikrofonsymbol für die Spracherkennung ist auf dem iPhone links neben der Leertaste und nicht oberhalb der Tastatur.

6. Instagram Storys

Möchten Sie Ihre Freunde auf dem Laufenden halten, was Sie gerade tun, senden Sie ein Foto als Story. Dieses ist für Ihre Freunde 24 Stunden lang sichtbar und verschwindet danach automatisch. Die eigene Story kann mehrere Beiträge enthalten, die den Betrachtern automatisch nacheinander angezeigt werden. Jeder einzelne Beitrag verschwindet 24 Stunden nach Veröffentlichung. Wer also mindestens einmal am Tag etwas in der Story postet, dessen Story bleibt nie leer.

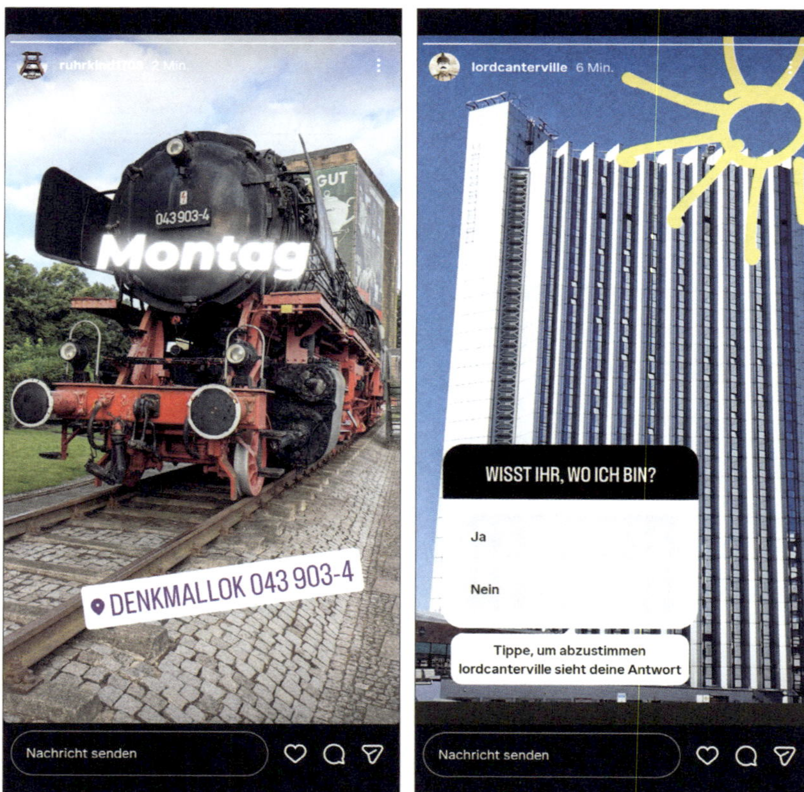

Storys auf Instagram

Inhalt der Story

Storys spiegeln aktuelle Aktivitäten und Gefühle der Nutzer wider. Dazu können Sticker, kurze Texte, Emojis und Musik hinzugefügt werden, was bei Fotobeiträgen nicht so einfach möglich ist. Bei Fotobeiträgen spielt dagegen die Qualität des Bildes die erste Rolle. Ob Sie in Instagram eher die für diese Plattform typischen Fotobeiträge oder lieber Storys nutzen, bleibt Ihnen überlassen.

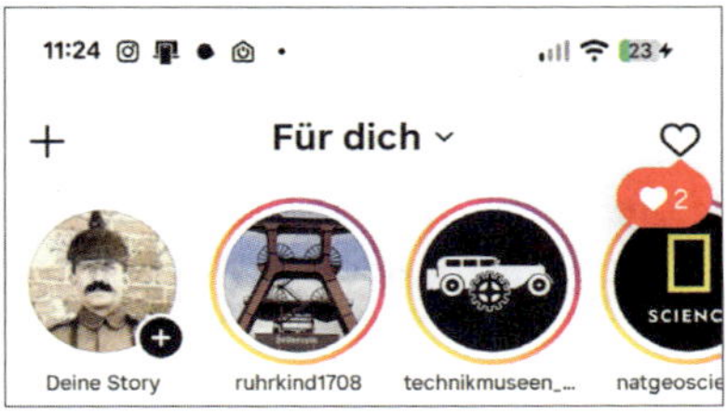

Die Startseite von Instagram zeigt ganz oben aktuelle, noch nicht gesehene Storys von abonnierten Profilen. Auch in den Listen abonnierter Profile erscheint um jedes Profil, das eine noch nicht gesehene Story hat, ein farbiger Ring. Dieser wird grau, wenn die Story komplett gesehen wurde. Profile ohne Story haben keinen Farbring.

Tippen Sie auf ein Profilsymbol, wird die Story dieses Profils angezeigt. Danach folgen automatisch weitere Storys abonnierter Profile. Während der Anzeige der Storys können Sie anhalten oder vor- und zurückblättern.

- **Einfach ins Bild tippen** zeigt den nächsten Eintrag der gerade angezeigten Story.
- **Ins Bild tippen und halten** hält die aktuelle Anzeige an, um ein Bild genauer zu betrachten oder in einem Video eine Pause zu machen.
- **Auf den linken Bildschirmrand tippen** schaltet auf den vorherigen Eintrag der gerade angezeigten Story.
- **Horizontal wischen** wechselt zwischen verschiedenen Storys.
- **Zurück-Symbol** in der Navigationsleiste oder Zurück-Geste (auf dem Bildschirm von rechts nach links wischen) schaltet von der Story-Anzeige zur Instagram-Startseite zurück.

Lästige Storys stummschalten

Storys blättern automatisch weiter zur nächsten, wenn Sie eine Story angesehen haben. Folgen Sie Profilen, die in ihren Storys Musik oder andere Geräusche einbauen, kann dies nicht nur in öffentlichen Umgebungen sehr lästig sein. So können Sie verhindern, dass bestimmte Storys automatisch abgespielt werden: Tippen Sie länger auf das jeweilige Profilsymbol bei den Storys und wählen Sie im Menü *Stummschalten/Storys stummschalten*.

Das Stummschalten bedeutet hier, die Storys werden nicht automatisch abgespielt. Spielen Sie eine stummgeschaltete Story durch Antippen ab, ertönt das Audio trotzdem. Instagram bietet keine Möglichkeit, die App komplett stummzuschalten. Storys lassen sich im Gegensatz zu Beiträgen auch nicht durch einfaches Antippen stummschalten.

Eigene Story veröffentlichen

Eine eigene Story zu veröffentlichen, funktioniert bei Instagram völlig anders, als einen Beitrag zu veröffentlichen. Tippen Sie auf dem Startbildschirm oder auf Ihrer Profilseite auf Ihr Profilbild mit dem Pluszeichen, um etwas zur Story hinzuzufügen.

Sie können auch auf das Plussymbol oben links tippen und dann auf dem nächsten Bildschirm die untere Symbolleiste auf den Modus *Story* verschieben. Instagram startet an dieser Stelle einen eigenen Story-Editor mit Kamera, der diverse Effekte sowie auch Möglichkeiten zum Einbau von Stickern, Emojis, Texten und vielem mehr bietet, ohne erst die Kamera-App zu öffnen, das Bild zu speichern und später in Instagram zu übernehmen.

Story-Kamera noch einfacher starten

Sie können auch einfach die Instagram-Startseite nach rechts wischen, dann erscheint die Story-Kamera.

Die Instagram-Story-Kamera im Überblick

Tippen Sie auf den runden Auslöser in der Mitte unten, um ein Bild aufzunehmen. Längeres Halten nimmt ein Video auf.

Das Blitzsymbol schaltet zwischen *Blitz ein* und *Blitz aus* um.

Das Doppelpfeilsymbol unten rechts schaltet zwischen Hauptkamera und Frontkamera um.

Die Seitenleiste links bietet weitere Funktionen, eine Story zu erstellen, unter anderem mit dem Symbol *Gestalten* einen reinen Text auf farbigem Hintergrund zu veröffentlichen oder mehrere Bilder zu einem Layout zu kombinieren.

Dieses Symbol wird nur bei aufgeklappter Funktionsleiste links oder rechts oben in der Story-Kamera angezeigt. Damit lässt sich diese Funktionsleiste an den rechten oder linken Bildschirmrand setzen.

Das Einstellungen-Symbol oben links ermöglicht es, einige Einstellungen für Storys im Allgemeinen, nicht nur für diese Story, festzulegen.

Das *x*-Symbol oben rechts beendet die Kamera und schaltet wieder zur Instagram-Startseite zurück.

Geringere Bildqualität

Die Story-Kamera in Instagram fotografiert direkt mit geringerer Auflösung und höherer Kompression und unterstützt auch keine Spezialfunktionen der vorinstallierten Standard-Kamera-Apps der Smartphones. Dadurch haben die Bilder, wenn Sie sie auch noch außerhalb von Instagram verwenden möchten, eine geringere Qualität als Fotos, die mit der Standard-Kamera-App aufgenommen wurden.

Neben dem Auslöser sind verschiedene Filter zu finden, die in Echtzeit über das Bild gelegt werden. Durch horizontales Verschieben dieser Leiste wählen Sie einen Filter aus. Einige Filter bieten zusätzliche Optionen. Schieben Sie den gewünschten Filter in die Mitte, wird er auf dem Kameraauslöser dargestellt und automatisch angewendet. Einige der Filter funktionieren nur mit Gesichtern in Fotos.

Diese Effekte funktionieren auch für Videos. Einige der Effekte werden in Videos animiert.

Bilder und Videos für die Story nachbearbeiten

Nachdem Sie ein Bild oder Video aufgenommen haben, verändert sich die Benutzeroberfläche und bietet Möglichkeiten, das Bild oder Video nachzubearbeiten. Mit den Symbolen am unteren Rand können Sie das Bild oder Video direkt in der Story veröffentlichen.

Eigene Fotos in der Story veröffentlichen

Anstatt ein Foto mit der Story-Kamera zu fotografieren, können Sie auch auf dem Smartphone gespeicherte Fotos in der Story veröffentlichen.

1. Wischen Sie in der Story-Kamera nach oben, anstatt ein Foto aufzunehmen.
2. Jetzt können Sie ein Foto auswählen oder mit dem Symbol *Auswählen* auch mehrere, die in der Story veröffentlicht werden sollen. Diese erscheinen hintereinander in der Reihenfolge, in der sie ausgewählt wurden.
3. Tippen Sie auf die Liste *Neueste* oder *Fotos*, um andere auf dem Smartphone gespeicherte Fotos festzulegen. Es erscheint eine Liste von Fotoordnern auf dem Smartphone. Sie können hier auch Fotos von Google Fotos auswählen.
4. Haben Sie mehrere Bilder ausgewählt, tippen Sie auf *Weiter*. Jetzt können Sie diese zu einem Layout zusammenfügen oder einzeln als Diashow in der Story veröffentlichen.

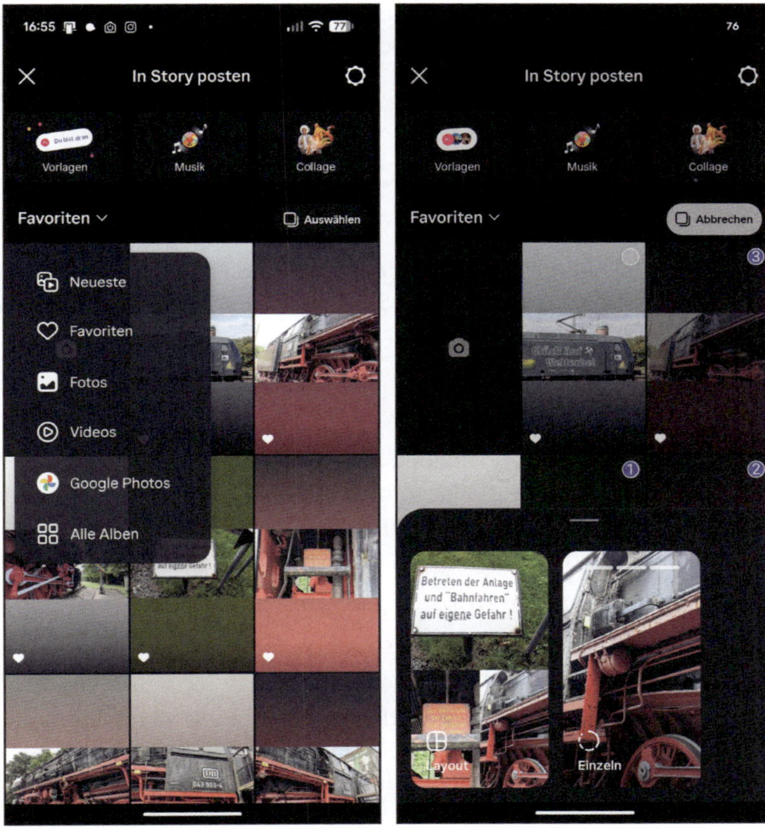

Fotos in der Galerie auswählen

5. Sie können jedes Bild skalieren und drehen sowie Effekte und Sticker hinzufügen, wie bei Fotos, die mit der Story-Kamera aufgenommen wurden.

Bilder an andere Personen weiterleiten

Mit dem blauen Pfeil unten rechts können Sie das Bild oder Video direkt an ausgewählte Freunde schicken, auch ohne es öffentlich in der Story zu posten.

Mit den Symbolen am rechten Bildschirmrand bearbeiten Sie das gerade aufgenommene Bild oder Video oder fügen zusätzliche Elemente hinzu. Mit einer Zwei-Finger-Geste verkleinern Sie das Bild oder Video und verschieben und drehen es auf dem Bildschirm, um Platz für weitere Elemente zu schaffen.

Text im Bild

Dieses Symbol blendet die Tastatur ein, um einen Text ins Bild zu schreiben. Diesen können Sie anschließend verschieben oder skalieren.

Sticker im Bild

Um im Foto etwas hervorzuheben oder einfach nur aus Spaß können Sie in Fotos Bildsymbole einfügen. Dieses Symbol bietet eine Auswahl der wichtigsten Sticker, die in das Bild oder Video eingefügt werden können.

1. Tippen Sie auf einen Sticker, erscheint er im Bild und Sie können ihn an die gewünschte Position verschieben. Mit zwei Fingern drehen und zoomen Sie den Sticker.
2. Bei der Vielfalt an Stickern sind thematisch passende Symbole nicht immer leicht zu finden. Geben Sie im Suchfeld oben ein Stichwort ein, um einen Sticker oder über die integrierte GIPHY-Suche ein passendes GIF zu finden.
3. Der Wochentag und das Thermometer zeigen die aktuellen Daten zu dem Zeitpunkt, an dem sie eingefügt werden. Das Datum übernimmt das Aufnahmedatum aus dem Foto. Nach dem Einfügen des Stickers ist das Bild statisch und ändert sich nicht mehr.
4. Einen fehlerhaft eingefügten Sticker können Sie an den unteren Bildschirmrand ziehen und damit wieder löschen.
5. Emojis werden über das Textsymbol eingefügt. Auf der Bildschirmtastatur können Sie dazu, wie in vielen anderen Apps auch, eine Emoji-Palette einblenden.

Sticker in ein Bild einfügen. Malstift, Text, Emojis, Filter und Bildausschnitt lassen sich beliebig kombinieren

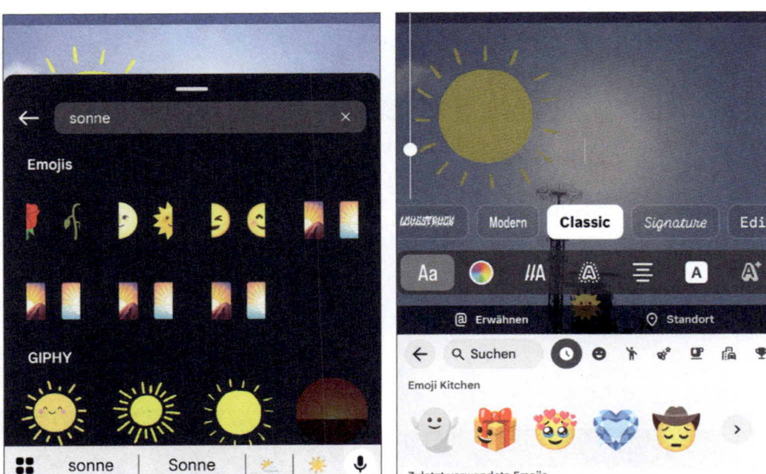

Sticker oder GIF suchen, Emojis über die Tastatur einfügen

Standort in die Story schreiben

Instagram bietet einen Sticker an, um den Standort eines Fotos grafisch auffällig in der Story einzufügen.

1. Fügen Sie den Sticker *STANDORT* ins Bild ein. Jetzt erscheint eine Vorschlagsliste möglicher Standorte in der direkten Umgebung, aus den Standortdaten des Bildes sowie den zuletzt verwendeten Standorten.
2. Der Link *Vorschau auf Karte* zeigt einen Kartenausschnitt mit dem gewählten Standort. Hier sehen Sie bei mehrfach vorkommenden Ortsnamen auf einen Blick, ob der richtige Standort gewählt wurde.
3. Wählen Sie den gewünschten Ort aus, er wird automatisch in das Standortsymbol geschrieben. Dieses können Sie anschließend an die gewünschte Stelle im Bild schieben.

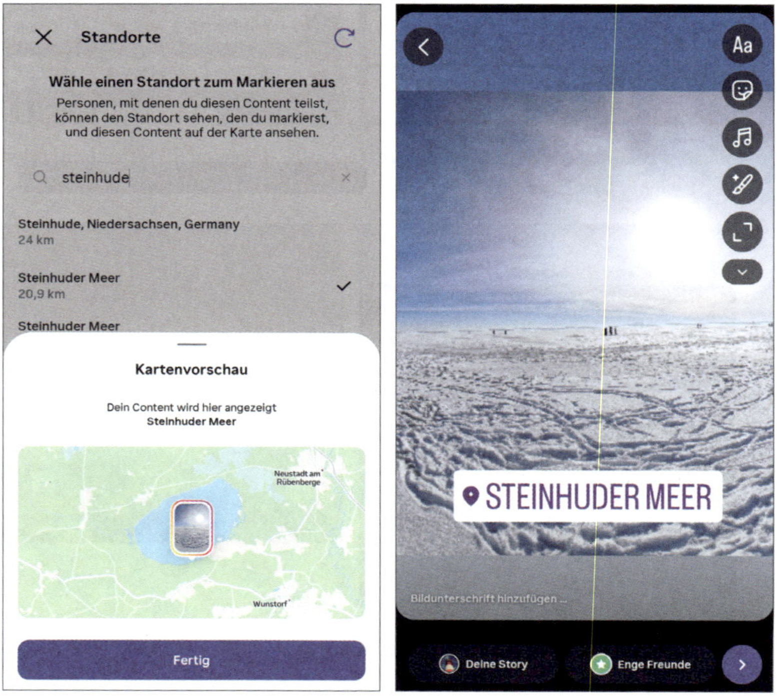

Standort wählen und Symbol in ein Bild für die Story einfügen

Hashtags in der Story

Auch in Storys können Hashtags verwendet werden, allerdings nur einer pro Bild oder Video. Dazu bietet Instagram einen speziellen Sticker an.

1. Tippen Sie auf das Symbol für Sticker und wählen Sie den Sticker *#HASHTAG*.
2. Geben Sie den gewünschten Hashtag ohne das #-Zeichen ein. Dabei werden automatisch passende Hashtags vorgeschlagen. Wählen Sie einen Hashtag aus und tippen Sie danach auf *Fertig*.
3. Anschließend können Sie den Hashtag-Sticker an die gewünschte Position verschieben. Mit zwei Fingern drehen und zoomen Sie den Sticker. Durch mehrfaches Antippen wechseln Sie das Farbschema des Stickers.

Hashtag in ein Bild für die Story einfügen

Personen in der Story markieren

Mit dem Sticker *@ERWÄHNUNG* erwähnen Sie eine Person in der Story. Nach dem Auswählen dieses Stickers werden direkt passende Profile vorgeschlagen, die Sie nur noch auszuwählen brauchen. Oder Sie geben ein paar Zeichen ein, um entsprechende Vorschläge zu erhalten. Die erwähnte Person wird mit einer Nachricht informiert.

Beim Betrachten der Story brauchen Sie nur auf den Sticker zu tippen und kommen direkt zum erwähnten Profil.

Im Gegensatz zum Sticker erwähnt der Button *Erwähnen* beim Bearbeiten der Story eine Person, ohne dass der Profilname zu sehen ist. Die Person wird einfach nur über die Story benachrichtigt.

Musik in der Story

Mit dem Sticker *MUSIK* können Sie Ihre Story mit einem kurzen Ausschnitt eines Musiktitels hinterlegen.

1. Ziehen Sie den Sticker *MUSIK* in das Bild oder Video. Jetzt erscheint eine Liste vorgeschlagener Musiktitel.
2. Wählen Sie hier einen der vorgeschlagenen Titel oder suchen Sie über das Suchfeld Ihr Wunschlied.
3. Wenn ein Liedtext verfügbar ist, erscheint im Bild ein Textausschnitt und die Musik läuft. Mit dem Balken am unteren Rand wählen Sie den gewünschten Ausschnitt des Liedes. Die Länge wird automatisch durch die Länge des verwendeten Videos bestimmt. Steht kein Liedtext zur Verfügung, erscheint stattdessen ein Sticker mit dem Liedtitel.
4. Bei Liedern mit Text wird der Sticker selbst im Bild nicht angezeigt, dafür der Liedtext, der beliebig im Bild verschoben werden kann. Fügen Sie je nach Wunsch noch weitere Sticker oder andere Effekte hinzu. Veröffentlichen Sie anschließend die Story.

Beim Betrachten der Story erscheint der Liedtext, und der gewählte Abschnitt wird abgespielt. Tippen Sie auf den Text, erscheint ein Fenster, in dem Sie die erste Minute des Liedes direkt aus der Instagram-Musikbibliothek abspielen können. Bei bekannten Musikern ist hier ein Link auf deren Instagram-Profil enthalten.

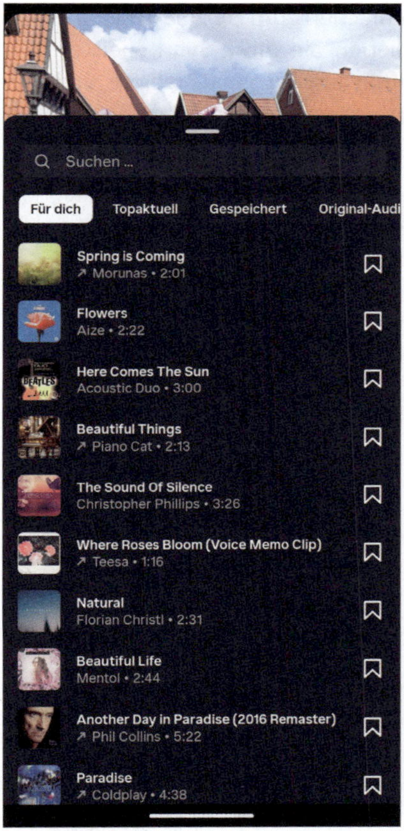

Musik zur Story hinzufügen und abspielen

Stil ändern

Hinter dem unscheinbaren Button *Stil ändern* verbergen sich mächtige KI-Tools, mit denen sich nicht nur der Stil eines Bildes verändern lässt, sondern auch Objekte dem

Bild hinzugefügt oder störende Objekte aus dem Bild entfernt werden können. Instagram verwendet dazu die KI Meta AI, die auch in WhatsApp und Facebook genutzt wird.

Unterhalb des Bildes erscheinen Schaltflächen zum *Hinzufügen*, *Entfernen* oder *Ändern* von Bildelementen. Schieben Sie diese Symbolleiste nach links, erscheinen weiter rechts Schaltflächen für verschiedene Bildstile. Tippen Sie ganz rechts auf *Alle ansehen*, um eine noch größere Auswahl an Stilvorlagen zu sehen.

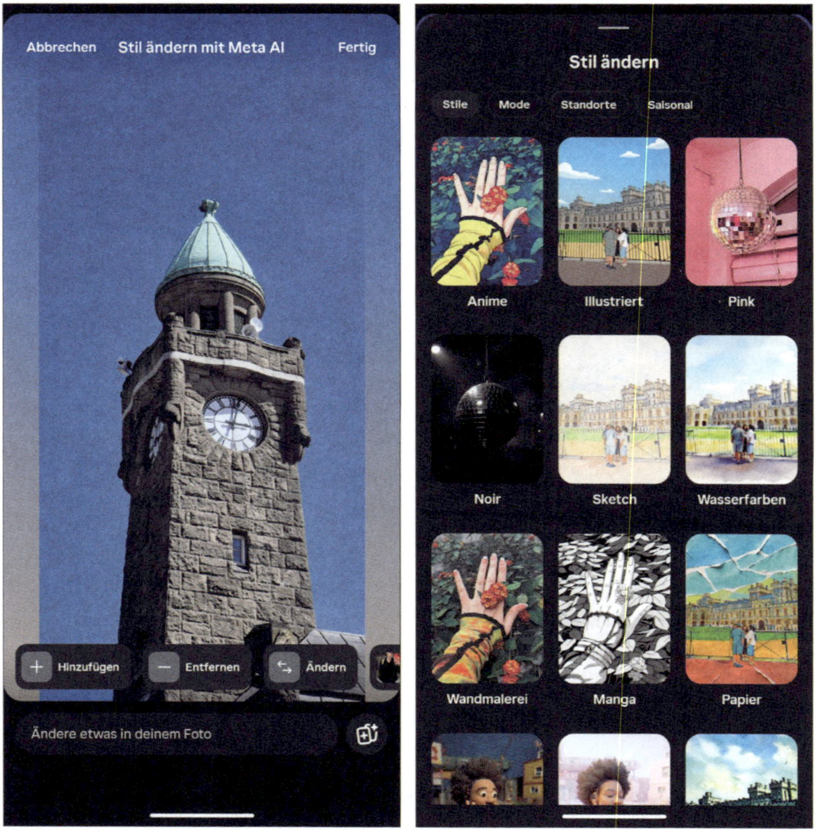

Stil ändern mit Meta AI, rechts: Auswahl an Stilvorlagen

Die Stile verändern nur den Grafikstil des Bildes, die Inhalte werden weitgehend beibehalten.

Mit den Buttons *Hinzufügen* und *Entfernen* können Sie Objekte in das Bild einfügen oder entfernen. Neue Objekte werden fotorealistisch dargestellt oder im jeweils verwendeten Bildstil. Beschreiben Sie die hinzuzufügenden Objekte möglichst genau.

Links: Bildstil angewendet, rechts: Objekt fotorealistisch eingefügt

Meta AI – fantasievoll, aber ohne Sachkenntnis

In vielen allgemein gehaltenen Fällen liefern schon einfache Beschreibungen aus wenigen Wörtern zufriedenstellende Ergebnisse. Erwarten Sie aber keinerlei Sachkenntnis von der KI. Wie zurzeit fast jede KI, zeigt auch Meta AI viel Fantasie und kann allgemeine Objekte realistisch erzeugen. Wenn aber auch nur minimales Fachwissen gefragt ist, um etwa ein bekanntes, reales Gebäude, von dem Tausende Fotos im Internet verfügbar sind, zu erstellen, versagt auch diese KI kläglich.

Hier sehen Sie die gescheiterten Versuche, den bekannten Dom zu Speyer oder den Leuchtturm Obereversand in den Bildhintergrund zu setzen.

Oft ist es wichtiger, störende Objekte aus einem Bild zu entfernen, als neue hinzuzufügen. Tippen Sie auf den Button *Entfernen* und beschreiben Sie dann die zu entfernenden Objekte möglichst genau.

Störende Lautsprecher auf dem Turm entfernen, aber die Kuppel stehen lassen

Leicht passiert es, dass zu viele Objekte entfernt werden. In solchen Fällen, wie auch bei anderen Fehlern der KI-Bildbearbeitung, tippen Sie oben links auf *Rückgängig* und verändern den Text-Prompt, indem Sie zum Beispiel genau schreiben, welche Objekte auf jeden Fall im Bild bleiben sollen. Im abgebildeten Beispiel sollten nur die störenden Lautsprecher auf der Brüstung des Turms entfernt werden. Im ersten Versuch wurde der gesamte

Turmkopf mit der Kuppel entfernt. Ein veränderter Prompt lässt diesen Teil stehen, entfernt aber die Lautsprecher.

Effekte im Bild

Instagram bietet eine vielfältige Auswahl an Effekten, die über ein Bild oder Video gelegt werden können. Wählen Sie einen Effekt aus, mit dem Symbol *Fertig* oben rechts wird dieser dann auf das Bild gelegt. Es kann immer nur ein Effekt verwendet werden.

Links: Effekte nachträglich über Bilder legen, rechts: im Bild malen

Zeichnen im Bild

Mit dem Malstift malen Sie direkt freihändig ins Bild. Am unteren Bildschirmrand wählen Sie die Farbe, in der oberen Symbolleiste sind verschiedene Malwerkzeuge zu finden. Der Schieber am linken Bildschirmrand regelt die Stiftbreite.

Ton im Video

Bei Videos wird ein zusätzliches Symbol angezeigt, um den Originalton des Videos ein- oder auszuschalten.

Beiträge in der eigenen Story erwähnen

Sie können in Ihrer Story einen eigenen Beitrag oder auch einen anderen Beitrag, den Sie Ihren Freunden empfehlen möchten, verlinken.

1. Sehen Sie den Beitrag an und tippen Sie auf das *Teilen*-Symbol neben den Like- und Kommentar-Symbolen.
2. Wählen Sie auf dem nächsten Bildschirm *In Story posten*.
3. Das Bild erscheint im Story-Editor. Hier können Sie es ziehen und mit Stickern und Effekten versehen. Der Profilname des Fotografen wird automatisch mit eingeblendet.
4. Veröffentlichen Sie dann die Story.

Wenn jemand die Story betrachtet und auf das Bild tippt, erscheint ein Link *Beitrag ansehen*. Tippen Sie darauf, um zu dem verlinkten Beitrag zu kommen.

Story veröffentlichen

Wählen Sie, nachdem Sie die Story fertiggestellt haben, ganz unten auf dem Bildschirm, ob die bearbeiteten Bilder in der eigenen Story oder nur für *Enge Freunde* veröffentlicht werden sollen.

Mit einem Klick auf den blauen Pfeil können Sie zusätzliche Freunde auswählen oder die Story auch als *Nachricht* an einzelne Freunde schicken, ohne sie zu veröffentlichen.

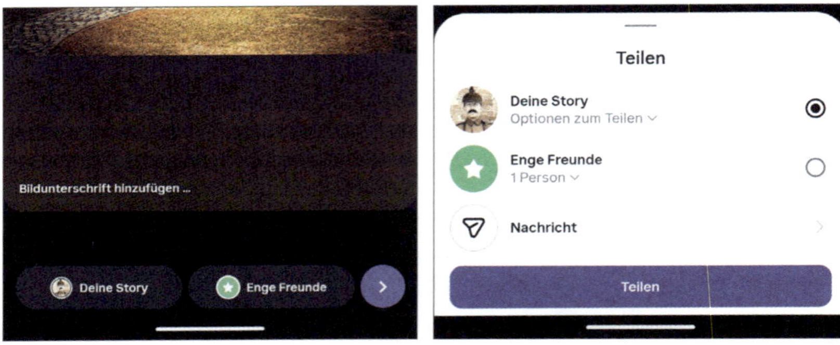

Story veröffentlichen oder an Freunde versenden

Eine Story für später speichern

Direkt aus dem Story-Editor können Sie den gerade bearbeiteten Eintrag auf das Smartphone in den Ordner *Instagram* herunterladen. Auf diese Weise können Sie auch Bearbeitungsstände herunterladen, die noch nicht veröffentlicht wurden.

Story-Archiv

Das Story-Archiv speichert automatisch alle veröffentlichten Storys in einem eigenen Bereich auf Instagram, den nur Sie selbst sehen können. Im Gegensatz zu den heruntergeladenen Storys liegt das Archiv nicht lokal auf dem Smartphone, sondern auf den Instagram-Servern. Sie können es also von allen Geräten, auf denen Sie mit Ihrem Instagram-Konto angemeldet sind, sehen.

Tippen Sie auf der persönlichen Profilseite oben auf das Menü mit den drei Strichen und wählen Sie *Archiv*. Hier sehen Sie alle archivierten Storys.

Damit die Archivierung funktioniert, muss in den Story-Einstellungen der Schalter *Story im Archiv speichern* aktiviert sein. Diese Einstellungen finden Sie in der Story-Kamera über das Einstellungen-Symbol oben links.

Schalten Sie auf dieser Seite unter *Story* zusätzlich die Option *Story in Galerie speichern* ein, werden die Storys gleichzeitig auch in der Galerie des Smartphones lokal gespeichert.

Highlights

Besonders schöne Storys können als Highlights gespeichert werden und werden so den Besuchern auch noch angezeigt, nachdem sie eigentlich aus der Story verschwunden sind.

1. Betrachten Sie Ihre eigene Story und tippen Sie bei dem gewünschten Eintrag unten rechts auf das Menü mit den drei Punkten und dann auf *Highlight*.

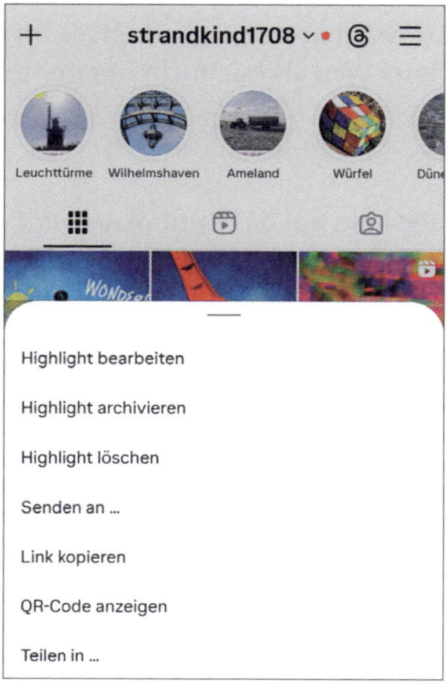

Links: Highlights auf dem eigenen Profil, rechts: Titelbild bearbeiten

2. Geben Sie dem Highlight einen Namen und tippen Sie auf *Hinzufügen*, danach erscheint das Highlight auf der Profilseite. Dort kann jeder Besucher diese Story noch einmal ansehen. Haben Sie bereits Highlights erstellt, können Sie diesen weitere Storys hinzufügen.
3. Tippen Sie länger auf ein Highlight, erscheint ein Menü. Nur bei eigenen Storys können Sie hier das Highlight löschen oder auch bearbeiten. Beim Bearbeiten legen Sie über den Link *Titelbild bearbeiten* den runden Bildausschnitt fest, der als Highlight zu sehen sein soll.
4. Auf der eigenen Profilseite können Sie über das Symbol *Neu* bei den Highlights weitere Storys aus dem Story-Archiv als Highlight hinzufügen, auch wenn diese in der Story selbst schon nicht mehr angezeigt werden.

Interaktion mit Betrachtern der Story

Storys können auch zur direkten Interaktion mit den Betrachtern genutzt werden. Allerdings funktioniert dies hier ganz anders als bei Kommentaren zu Beiträgen. Möchten Sie auf eine Story antworten, schreiben Sie im Eingabefeld unten einen Kommentar. Dieser wird als Nachricht übermittelt.

Wer hat meine Story gesehen?

Tippen Sie in einer eigenen Story unten links auf das Symbol *Aktivität*, das einige Profilbilder anzeigt, die die Story bereits gesehen haben, werden Details zu den einzelnen Elementen der Story angezeigt.

Wählen Sie oben eines der Elemente aus, sehen Sie darunter, wer diese Story bereits gesehen hat. An dieser Stelle können Sie auch per Chat-Nachricht mit den Benutzern Kontakt aufnehmen.

Das Papierkorb-Symbol löscht einen Eintrag aus der Story.

Abstimmungen in der Story

Über Abstimmungen in der Story können Sie etwas über die Interessen oder Vorlieben Ihrer Besucher herausfinden.

1. Fügen Sie den Sticker *ABSTIMMUNG* in die Story ein und legen Sie den Text für die Frage fest. Die Buttons für *Ja* und *Nein* werden automatisch erstellt.

2. Wie bei jedem Sticker können Sie auch hier Größe und Position des Stickers im Bild frei festlegen.
3. Ein Besucher bekommt die Frage angezeigt. Erst nachdem er auf *Ja* oder *Nein* getippt hat, sind die Prozentsätze der Antworten zu sehen. Zweimal auf dieselbe Umfrage zu antworten, ist nicht möglich.

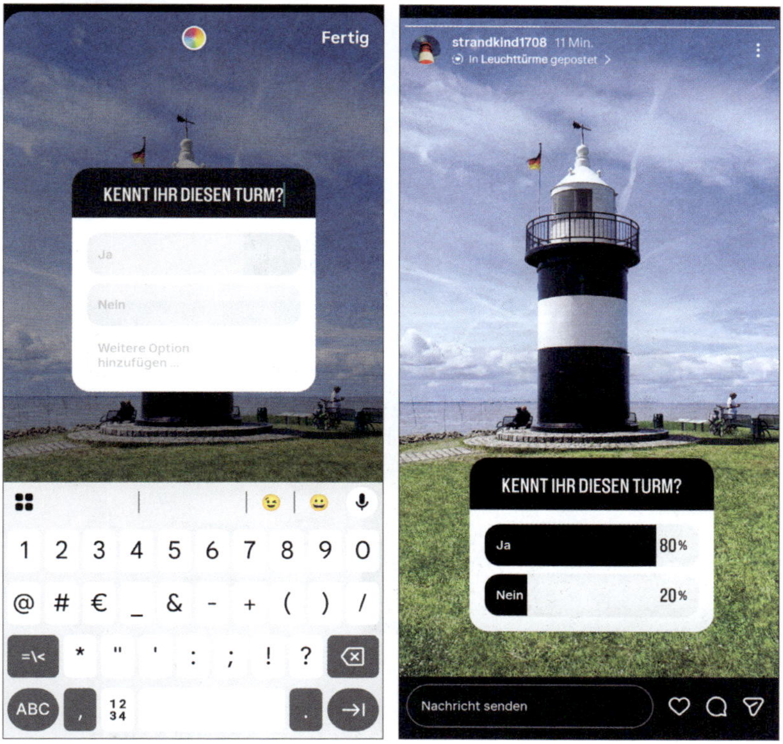

Umfrage aus der Sicht eines Besuchers

4. Wie viele Antworten und von wem sie abgegeben wurden, sieht nur derjenige, der die Story erstellt hat. Tippen Sie dazu in Ihrer eigenen Story unten links auf *Aktivität*. Auf der Seite, auf der Sie die Besucher

sehen, die die Story gesehen haben, finden Sie auch alle Profile, die eine Antwort auf die Umfrage abgegeben haben. Hier können Sie auch direkt Kontakt mit ihnen aufnehmen.

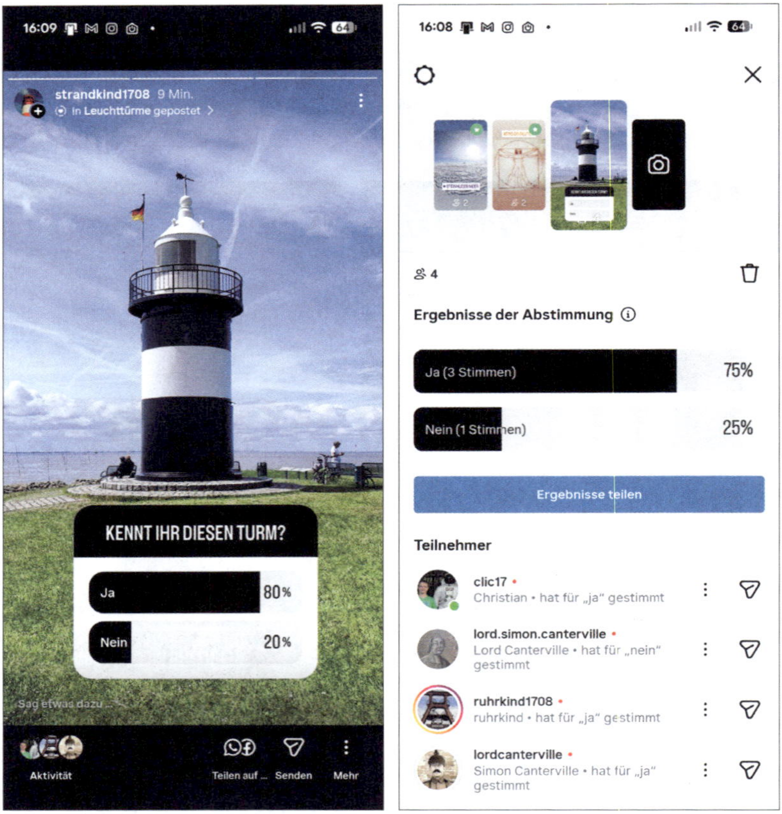

Die Umfrageergebnisse sieht man nur als Ersteller der Umfrage

Story in Facebook oder als WhatsApp-Status teilen

Die Instagram Story kann ganz einfach auch in der Facebook-Story oder im WhatsApp-Status geteilt werden, wenn Sie das Instagram-Konto mit einem Facebook- oder WhatsApp-Konto verknüpft haben.

1. Tippen Sie nach dem Erstellen eines neuen Elements der Story auf den blauen Pfeil, wählen *Deine Story teilen* und tippen dann auf *Optionen zum Teilen*.
2. Später können Sie beim Betrachten Ihrer eigenen Instagram-Story dieses Element über das Facebook-Symbol ganz unten auch in der eigenen Facebook-Story oder im WhatsApp-Status veröffentlichen.

3. Nachdem Sie eine Story auf Facebook oder WhatsApp veröffentlicht haben, erscheint eine Frage, ob Sie in Zukunft alle neuen Elemente der Story dort veröffentlichen möchten.

Sie können dies aber auch noch später in den Einstellungen der Story festlegen. Diese Einstellungen finden Sie in der Story-Kamera über das Einstellungen-Symbol oben links.

Story mit bestimmten Freunden teilen

Möchten Sie bestimmten Abonnenten zwar Ihre Instagram-Beiträge zeigen, nicht aber die Story, weil diese möglicherweise eher persönliche Bilder zeigt, können Sie die Sichtbarkeit der Story für andere einschränken.

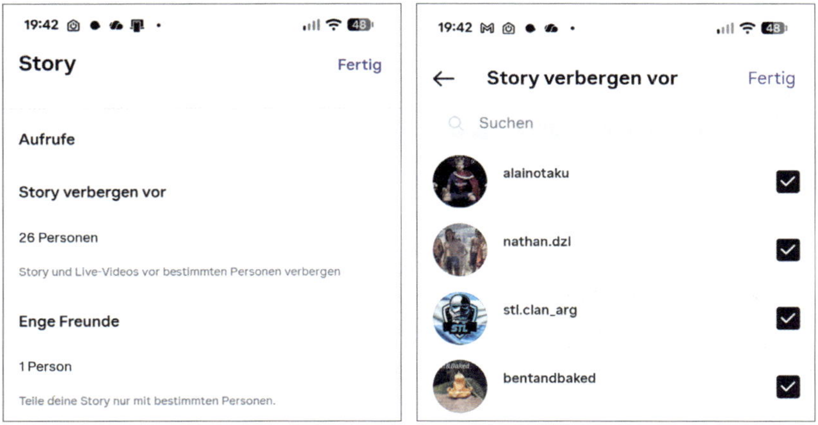

Story vor bestimmten Personen verbergen

Tippen Sie dazu in den Story-Einstellungen auf *Story verbergen vor* und wählen Sie alle Personen aus, die die eigene Story in Zukunft nicht mehr sehen sollen. Natürlich können Sie später jederzeit einzelne dieser Personen wieder freischalten.

Story an Freunde als Nachricht schicken

Möchten Sie einen Freund auf Ihre Story hinweisen, tippen Sie beim Betrachten der Story unten auf das Symbol *Senden*. Suchen Sie dann ein oder mehrere Personen aus, die eine Nachricht mit einem Vorschaubild der Story erhalten. Beim Tippen darauf wird die Story angezeigt.

Story an Freunde schicken, ohne sie zu veröffentlichen

Während Sie eine Story bearbeiten, können Sie über das Pfeilsymbol unten rechts im Story-Editor die Story an Freunde versenden. Dazu brauchen Sie sie nicht zu veröffentlichen. Auf diese Weise können Sie die Funktionen des Story-Editors nutzen, um Bilder für Freunde zu gestalten, ohne sie in der Story öffentlich zu zeigen.

Enge Freunde

Jeder hat ein paar besonders gute private Freunde. Damit diese an eigenen Erlebnissen teilhaben können, können Sie diese Ereignisse in Ihrer Story veröffentlichen, ohne dass sie öffentlich zu sehen sind. Instagram verwendet dazu die spezielle Gruppe *Enge Freunde*.

1. Erstellen Sie Ihre Story wie gewohnt, veröffentlichen Sie sie aber am Ende nicht, sondern tippen unten auf das Symbol *Enge Freunde*.

2. Tippen Sie länger auf dieses Symbol, legen Sie eine Liste enger Freunde an. Wählen Sie die Freunde aus, die diesen Status erhalten sollen, und schließen Sie dieses Fenster mit dem Button *Fertig* wieder.

3. Jetzt können Sie diese Story und in Zukunft auch weitere durch kurzes Antippen des Symbols *Enge Freunde* an diese Freunde schicken. Natürlich können Sie die Liste jederzeit auf diesem Weg oder über das Menü auf der Profilseite ändern.

Storys, die nur für enge Freunde bestimmt sind, werden diesen engen Freunden als grüner Kreis um das Profilbild statt des rot-orangefarbenen angezeigt. Betrachtet ein Freund ein Element der Story, das nur für enge Freunde freigegeben ist, erscheint oben rechts ein grünes Sternsymbol. Tippen Sie darauf, können Sie die Person, die diese Story geschickt hat, auch in Ihre persönliche Liste enger Freunde aufnehmen.

Story für enge Freunde

Story über andere Apps teilen

Möchten Sie Ihre Story mit Freunden, die nicht auf Instagram sind oder deren Profil Sie nicht kennen, auf anderem Wege teilen, zum Beispiel per E-Mail oder WhatsApp, tippen Sie beim Betrachten der Story unten auf das Symbol *Senden* und auf dem nächsten Bildschirm auf *Teilen*.

Hier erscheint eine Liste von Apps, mit denen ein Link auf die Story geteilt werden kann. Wählen Sie die gewünschte App aus und der Link wird automatisch dort eingefügt, um ihn weiter zu teilen.

Diese Links lassen sich auch ohne Instagram-App mit einem Browser öffnen, auch auf dem PC. Natürlich gelten sie nur so lange, wie die Story noch sichtbar ist.

Im Gegensatz zum Senden an bestimmte Personen veröffentlicht das Symbol *Teilen auf* die Instagram-Story als WhatsApp-Status oder Facebook-Story.

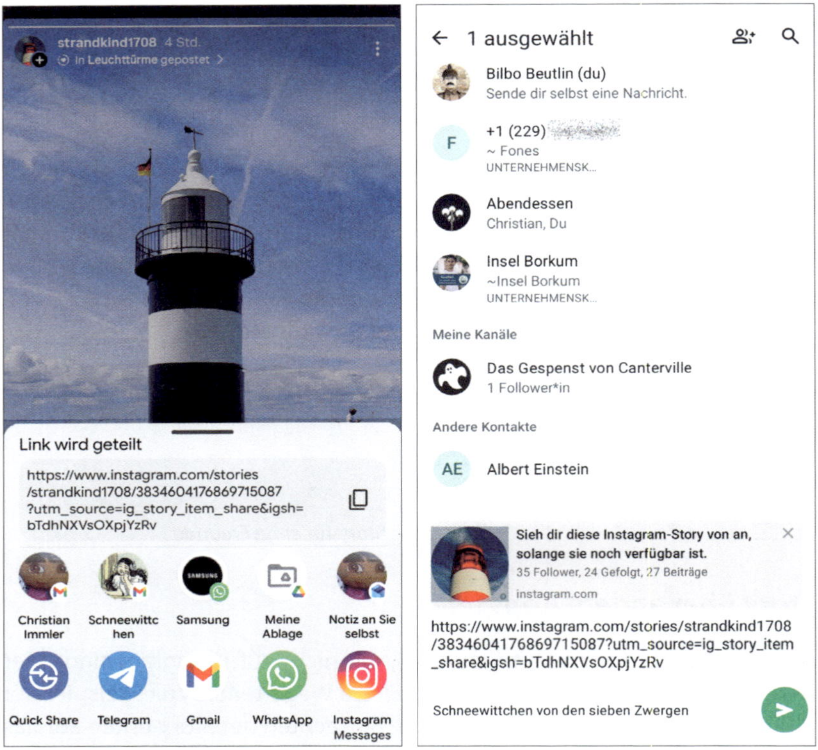

Story über andere Apps teilen

Datenschutz für die Story

In der Grundeinstellung kann jeder auf die eigene Story antworten, Elemente der Story teilen oder auch die eigenen Beiträge in seinen Storys teilen. In den Story-Einstellungen können Sie die Möglichkeit, auf die eigene Story zu antworten, auf Follower begrenzen oder ganz abschalten, um Spam zu vermeiden. Wenn Antworten ausgeschaltet sind, fehlt das Antwortfeld unten in der Story.

Die Möglichkeiten, Ihre Beiträge in Storys zu teilen oder Storys als Nachrichten zu verschicken, lassen sich nur global ausschalten, nicht auf Follower begrenzen.

Bilder aus anderen Apps in der Story teilen

Die meisten Apps, die Fotos oder Videos über andere Apps teilen können, bieten die Möglichkeit, auch direkt in die Instagram Story zu teilen. Dabei werden die Bilder nicht gleich veröffentlicht, sondern in den Story-Editor übernommen, in dem Sie dann Sticker und Effekte hinzufügen können, bevor Sie das Bild endgültig in der Story teilen.

Viele Apps bieten dazu auf dem *Teilen*-Bildschirm mehrere Instagram-Symbole an, zum Teilen als Beitrag (*Feed*), als Nachricht oder auch in der Story.

Foto aus Google Fotos oder OneDrive als Instagram Story veröffentlichen

7. Videos auf Instagram

In der Story können Sie, wie bereits erwähnt, durch längeres Gedrückthalten des Kameraauslösers Videos aufnehmen und veröffentlichen. Instagram bietet aber seit einiger Zeit auch die Möglichkeit, Videos direkt als Beiträge zu veröffentlichen.

Kritik an Videos auf Instagram

Instagram war früher eine Plattform für hochwertige Fotos, die man in Ruhe betrachten konnte, ganz im Gegensatz zu anderen Plattformen, auf denen es immer schon hektisch und laut zuging.

Bereits bei Einführung der Videos wurde besonders unter passionierten Fotografen Kritik laut. Diese hält bis heute an. Nicht alle Nutzer begrüßen den Trend, dass Instagram sich immer mehr an TikTok anlehnt.

Videos als Beitrag posten

Ein Video als Beitrag zu posten, funktioniert fast genauso, wie ein Foto zu posten. Nur die Werkzeuge zur Bearbeitung unterscheiden sich.

1. Tippen Sie oben links auf das Pluszeichen. Wählen Sie im Listenfeld *Neueste* die Option *Videos*, um die auf dem Smartphone gespeicherten Videos anzuzeigen. Hier können Sie jetzt das gewünschte Video auswählen.
2. Tippen Sie oben rechts auf *Weiter*, um das Video in den Video-Editor zu übernehmen.
3. Hier können Sie das Video noch einmal betrachten. Wischen Sie nach oben, um die Zeitleiste einzublenden.
4. Mit der Zeitleiste springen Sie schnell zu jedem Punkt im Video.

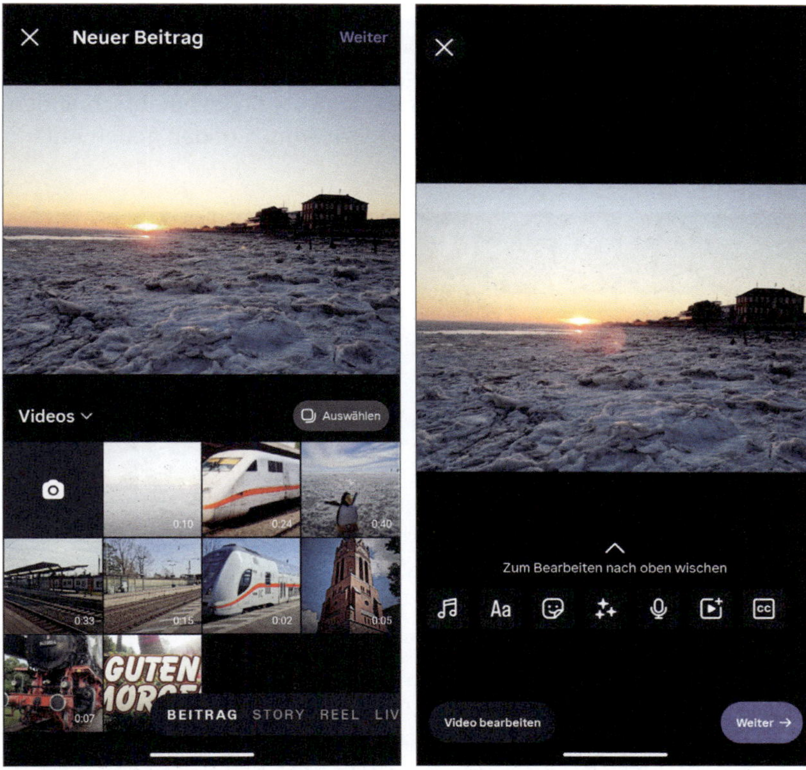

Video auswählen und in Instagram bearbeiten

In der Kürze liegt die Würze

Niemand möchte sich auf Instagram mit Videos langweilen. Der Reiz liegt, ähnlich wie bei TikTok, in kurzen Videos, die ihre Botschaft schnell auf den Punkt bringen. Vielen Besuchern kommt schon eine Minute wie eine Ewigkeit vor. Bringen Sie Ihre Botschaft von Anfang an den Besuchern nahe, sparen Sie sich einen kinoähnlichen Vorspann und reden Sie nicht »um den heißen Brei« herum. Nach Besucherauswertungen von Instagram brechen die meisten Besucher ein Video innerhalb der ersten Minute ab, wenn Sie es abbrechen.

Video schneiden

Tippen Sie doppelt auf die Zeitleiste, erscheint ein gelber Balken. Damit können Sie aus langen Videos die interessanteste Stelle herausschneiden. Ziehen Sie dazu die Ränder der gelben Markierung auf den neuen Anfang und das Ende der Szene.

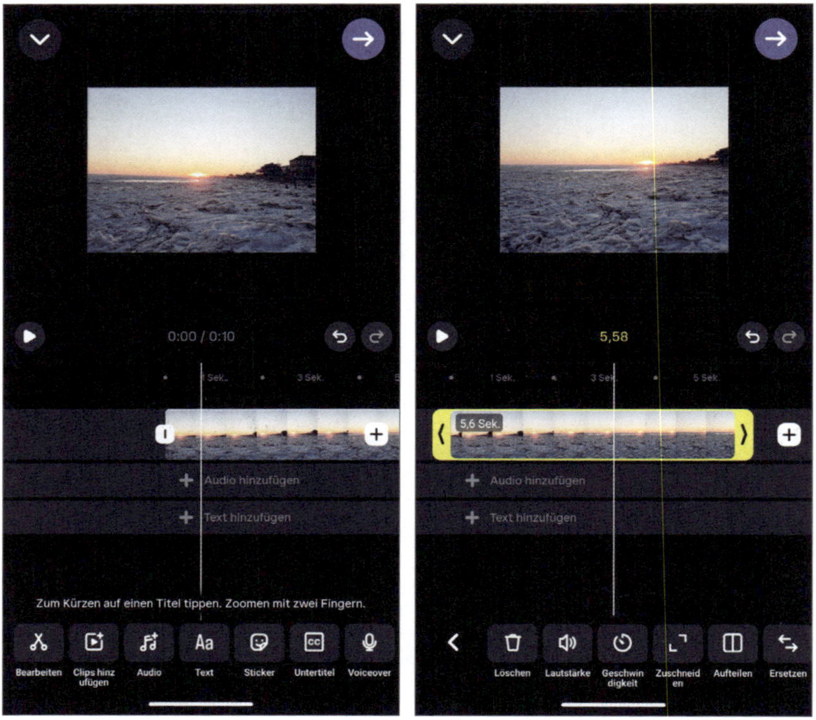

Video schneiden

Mit den Pfeilsymbolen können Sie jeden Bearbeitungsschritt im Video-Editor zurücknehmen und auch wiederherstellen, was hier noch wichtiger ist als bei Fotos.

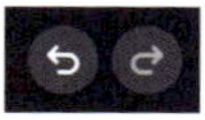

Über das Plussymbol können Sie am Ende des Videos ein weiteres Video anhängen.

Solange ein zeitlicher Bereich eines Videos ausgewählt ist, erscheint am unteren Bildschirmrand eine Leiste mit speziellen Bearbeitungswerkzeugen für dieses Videosegment.

Löschen entfernt das markierte Videosegment.

Mit dem *Lautstärke*-Symbol stellen Sie die Lautstärke für das markierte Videosegment ein. Achten Sie auf eine ausgeglichene Lautstärke, wenn Sie mehrere Videos zusammenfügen.

Geschwindigkeit ändert die Abspielgeschwindigkeit des markierten Videosegments. Damit lassen Sie Teile des Videos schneller oder langsamer abspielen.

Zuschneiden ändert die Bildgröße des markierten Videosegments. Damit können Sie Ausschnittvergrößerungen anlegen, Senderlogos wegschneiden und auch Bildgrößen angleichen, wenn Sie mehrere Videos mit unterschiedlichen Größen aneinanderhängen.

Aufteilen teilt ein Video in den markierten und den nicht markierten Teil. Jetzt können Sie ein anderes Video dazwischensetzen, Videosequenzen verschieben oder löschen.

Mit *Ersetzen* wird das markierte Videosegment durch ein anderes Video ersetzt.

Audio hinzufügen

Videos können statt mit dem Originalton auch mit einer Hintergrundmusik unterlegt werden.

1. Tippen Sie in die Zeile *Audio hinzufügen* unterhalb der Videozeitleiste. Wählen Sie jetzt einen Musiktitel aus der Instagram-Musikbibliothek aus. Sie können sich jedes Audio zuerst anhören. Tippen Sie dann auf den Pfeil rechts, um es in das Video einzufügen.
2. Der Button *Original-Audio* behält die Audiospur des Originalvideos.
3. Wählen Sie jetzt einen Teil aus dem Audio, der im Video verwendet werden soll.

4. Das Audio erscheint unterhalb der Zeitleiste und kann hier auch verschoben und geschnitten werden.

Text hinzufügen

Ähnlich wie eine Audiospur können Sie auch Texte in das Video einfügen, die an bestimmten Zeitpunkten ein- und wieder ausgeblendet werden.

1. Tippen Sie in die Zeile *Text hinzufügen* unterhalb der Videozeitleiste.
2. Der Text erscheint direkt im Bild. Dabei haben Sie verschiedene Farben, Schriftarten und Einblendeffekte zur Auswahl. Mit dem Schieber links verändern Sie die Textgröße.
3. Ziehen Sie das Textfeld an die gewünschte Position im Bild.

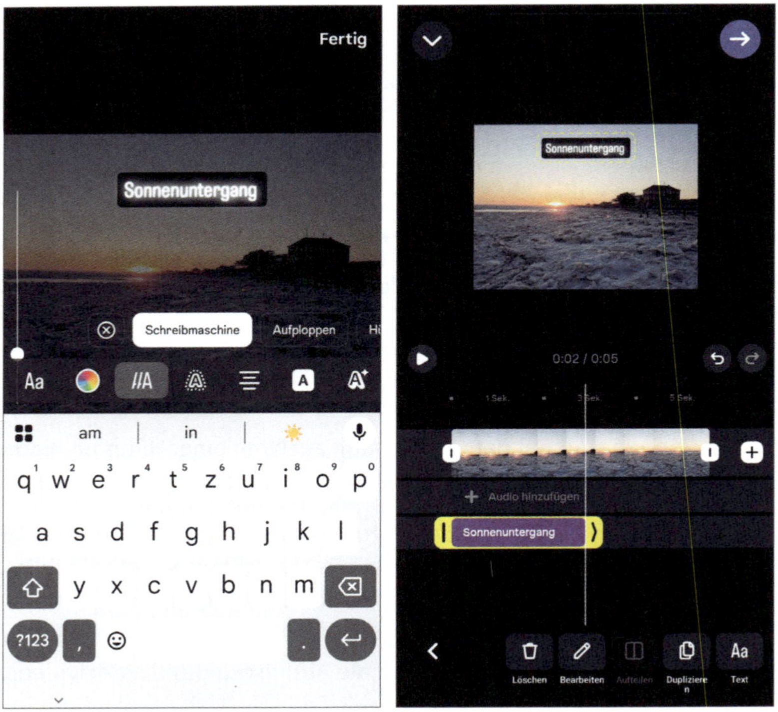

Text in Video einfügen

4. In der Zeitleiste legen Sie fest, wann der Text zu sehen sein soll. Hier können Sie nacheinander weitere Texte einfügen.
5. Die Symbolleiste ganz unten bietet Werkzeuge, um Texte im Video zu bearbeiten.

Weitere Bearbeitungswerkzeuge für Videos

Ist kein Videosegment markiert, erscheint unten eine Symbolleiste mit allgemeinen Bearbeitungsfunktionen. Einige davon lassen sich auch ohne diese Buttons interaktiv im Video-Editor nutzen.

Bearbeiten markiert die Videosequenz, um sie zu schneiden oder weiterzubearbeiten.

Clips hinzufügen fügt weitere Clips in die Zeitleiste ein – wie das Plussymbol im Video-Editor.

Audio ermöglicht es, ein Audio auszuwählen und als Hintergrundmusik in das Video einzufügen – wie beim Antippen der Audiospur.

Mit *Text* können Sie ein Textfeld in das Video einfügen – wie beim Antippen der Textspur.

Sticker fügt Sticker in das Video ein, ähnlich wie es bei Bildern in der Story möglich ist. Die Sticker erscheinen auf einer eigenen Videospur, auf der Sie die Zeitspanne festlegen können, wann die Sticker zu sehen sind.

Untertitel fügt automatische Untertitel in ein Video ein, wenn dieses gesprochene Sprache enthält.

Voiceover ermöglicht es, in Echtzeit Kommentare in das Video zu sprechen, die dann als Audio mitgespeichert werden.

Filter legt einen Filter über das Video. Wie bei Bildern ist immer nur ein Filter möglich. Dieser wird immer über die gesamte Dauer des Videos verwendet.

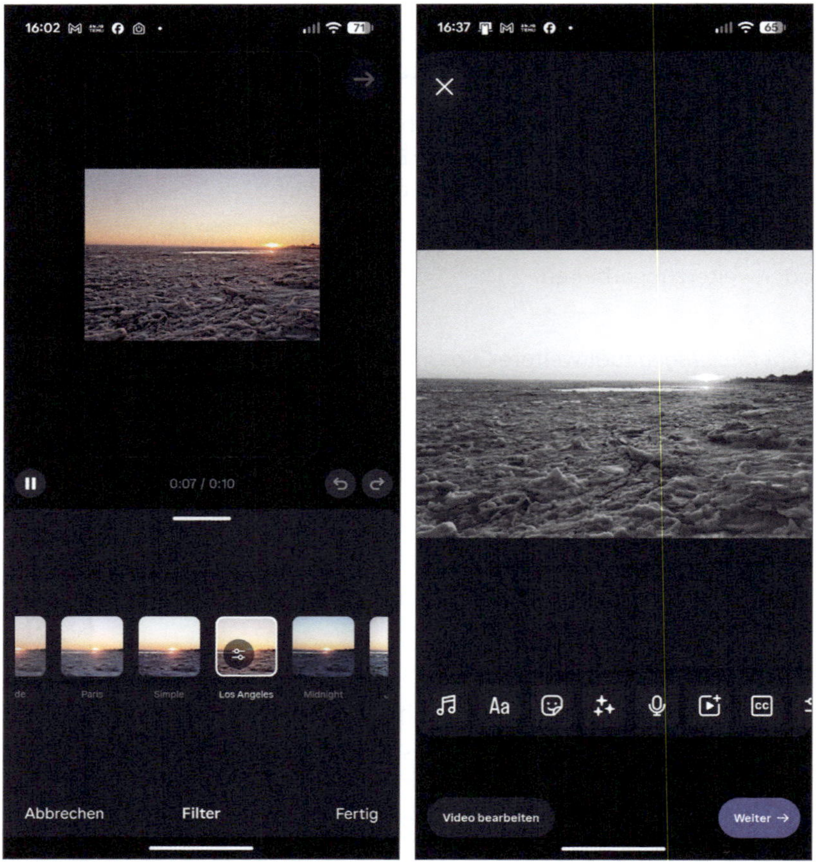

Filter auf einem Video

Audio importieren fügt den Ton aus einem anderen Video ein. Dieser wird dann als Hintergrund-Audio verwendet. Auch hier können Sie einen Zeitbereich festlegen, wann das Audio zu hören sein soll.

Video fertigstellen und veröffentlichen

Der kleine Pfeil links oben oder eine senkrechte Wischbewegung blendet die Zeitleiste wieder aus und zeigt Bearbeitungswerkzeuge für das gesamte Video an. Die meisten davon sind bereits aus dem Video-Editor bekannt.

Instagram bietet eine große Auswahl an Effekten, die über das gesamte Video gelegt werden können und dieses mehr oder weniger stark verfremden. Wählen Sie den gewünschten Effekt aus. Es ist immer nur ein Effekt möglich. Dieser wird auch immer über die gesamte Dauer des Videos verwendet.

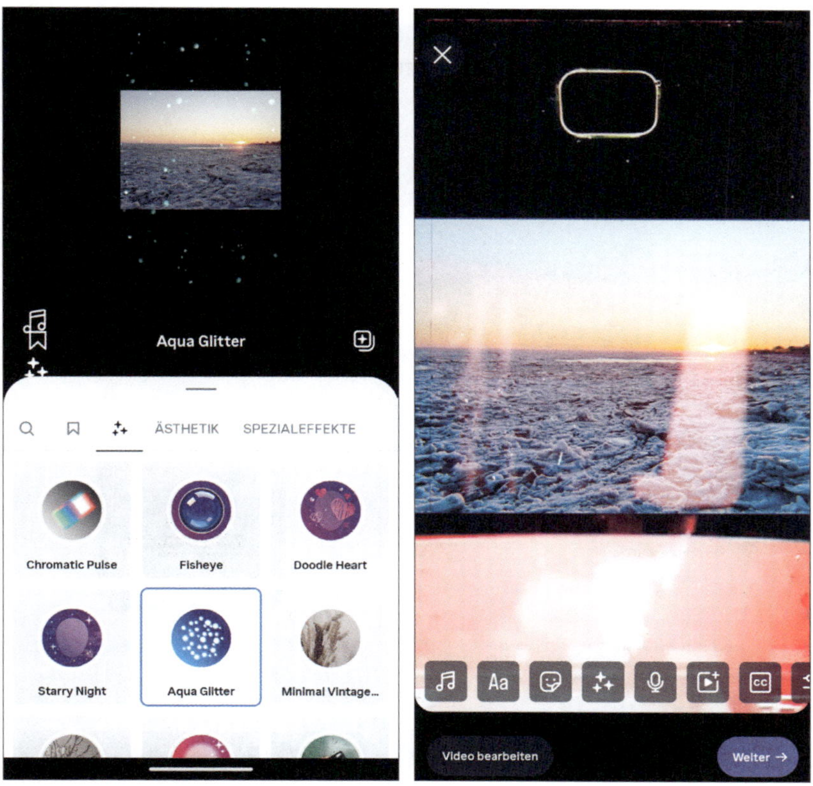

Effekt über ein Video legen

Mit diesem Button können Sie Ihr bearbeitetes Video in den eigenen Aufnahmen speichern, um es später zu teilen oder anderweitig zu versenden. Sie haben auch die Möglichkeit, den aktuellen Bearbeitungsstand als Entwurf zu speichern, um später weiter daran zu arbeiten.

Nachdem Sie das Video fertiggestellt haben, tippen Sie rechts unten auf die Schaltfläche *Weiter*.

1. Tippen Sie oben auf *Titelbild bearbeiten* und wählen Sie eine Stelle aus dem Video aus, die als Titelbild erscheinen soll. Sie können auch ein eigenes Titelbild für das Video anfertigen und mit dem Button *Aus Aufnahmen hinzufügen* hochladen.
2. Verfassen Sie anschließend noch einen Text für den Beitrag, fügen Sie Hashtags und den Standort hinzu. Wie bei Fotos können Sie zudem Personen markieren.

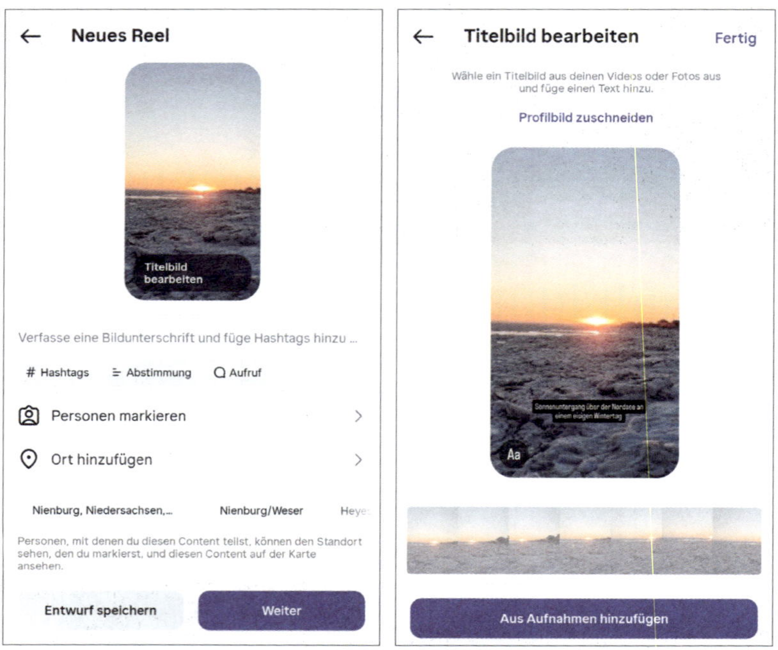

Titelbild bearbeiten und Video veröffentlichen

3. Weiter unten können Sie noch entscheiden, das Video auch in der *Instagram Story* oder der Facebook-Story zu veröffentlichen.
4. Tippen Sie zum Schluss auf *Teilen*, um das Video als Beitrag hochzuladen.

Reels

Reels waren früher bis zu 15 Sekunden lange, meist unterhaltsame Videoclips im Hochformat, die als Beitrag im Nachrichtenfeed veröffentlicht wurden.

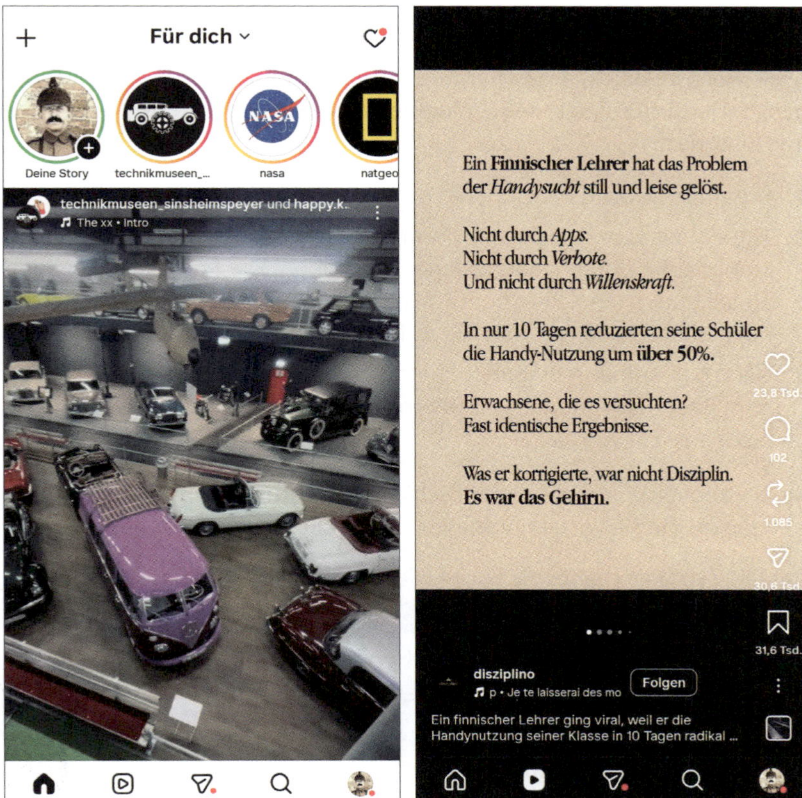

Reels auf der Suchseite und im Vollbild betrachten

Heute – seit Instagram das IGTV-Format abgeschafft hat – können Reels auch andere Formate haben und bis zu 15 Minuten (statt Sekunden) lang sein. Seitdem ist nahezu jedes Video ein Reel. Die ehemalige Unterscheidung verschwimmt.

Nur »echte« Reels, kurz und im Hochformat, werden zusätzlich auf einer eigenen Seite der Instagram-App angezeigt. Hier können Sie mit einer senkrechten Wischbewegung leicht zum nächsten Reel wechseln. Diese Art der Präsentation ist von TikTok und YouTube Shorts bekannt und wurde in Instagram übernommen. Diese »echten« Reels laufen als Endlosschleife.

Reels mit der Kamera aufnehmen

Reels werden mit der Story-Kamera aufgenommen. Diese bietet einen eigenen Modus für Reels, der Funktionen des bereits bekannten Video-Editors integriert.

1. Schalten Sie dazu ganz unten von *Story* auf *Reels* um.
2. Tippen Sie kurz auf den Auslöser, um die Aufnahme zu starten, und stoppen Sie durch weiteres kurzes Antippen. Die Standard-Reels sind 15 Sekunden lang. Ein Countdown um den Auslöser zeigt, wie viel Zeit noch bleibt. Am Ende wird die Aufnahme automatisch angehalten.
3. Nach der Aufnahme können Sie mehrere aufgenommene Clips zu einem Reel zusammenfügen, sofern die maximale Länge des Reels noch nicht erreicht wurde.

Die Symbolleiste am oberen Bildschirmrand enthält wichtige Kameraeinstellungen, die Sie vor der Aufnahme eines Clips festlegen sollten.

Das Blitzsymbol schaltet die Foto-LED während der Aufnahme ein oder aus.

Bei Bedarf lassen sich Reels so speichern, dass sie später bei der Wiedergabe schneller oder langsamer abgespielt werden.

Hier können Sie die automatische Begrenzung der Aufnahmezeit von 15 Sekunden noch weiter herabsetzen. Zusätzlich kann vor der Aufnahme ein Countdown ablaufen.

Das Symbol rechts in der Ecke öffnet die Kameraeinstellungen von Instagram. Hier können Sie unter anderem festlegen, dass aufgenommene Reels automatisch auf dem Smartphone gespeichert werden.

Die Symbolleiste links bietet verschiedene Werkzeuge und Einstellungen, die Sie auch bereits vor der Aufnahme eines Clips nutzen können.

Audio: Reels können statt mit dem Originalton auch mit einer Hintergrundmusik hinterlegt werden, ähnlich wie Storys.

Effekte: Vielfältige Effekte können in Echtzeit über ein Reel gelegt werden. Einige der Effekte bieten noch zusätzliche Einstellungen.

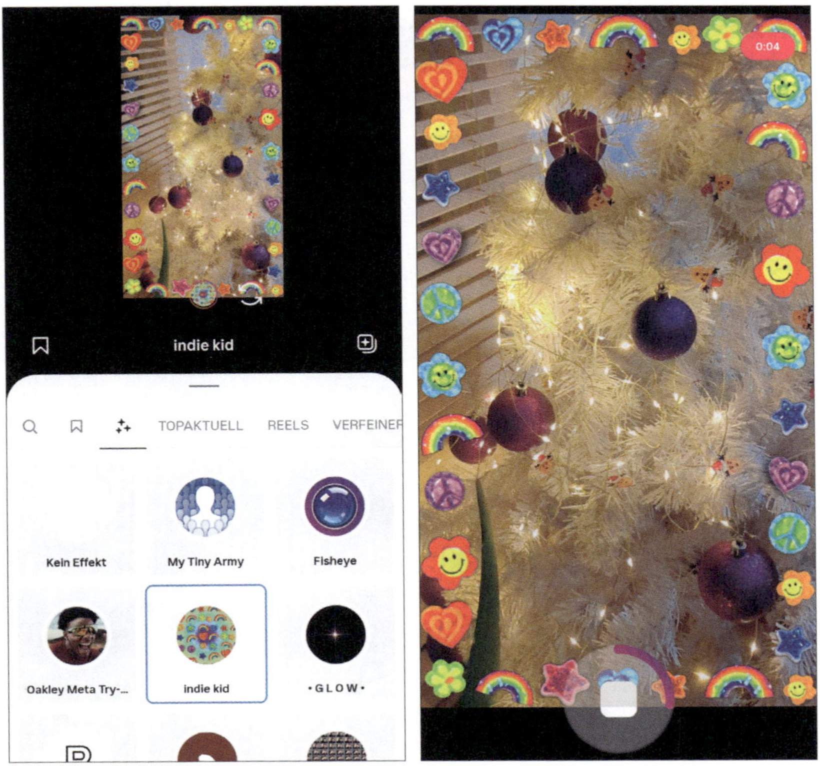

Effekte während der Aufnahme auf ein Reel legen

Greenscreen: blendet den Hintergrund aus, um Selfie-Videos vor einem beliebigen Video-Hintergrund aufzunehmen.

Verfeinern: eine einstellbare KI-Retusche für Gesichter in Selfie-Videos, die den Hautton gleichmäßig darstellt, Schatten im Gesicht aufhellt und Gesichtszüge dezent nachschärft, um sie vom Hintergrund abzuheben.

Dauer: legt die Dauer des Reels fest, also, wann die Aufnahme automatisch gestoppt wird.

Ausrichten: Wenn Sie die Aufnahme unterbrechen, um zum Beispiel Personen oder Gegenstände aus der Szene zu verändern, hilft das Ausrichten-Symbol, die gleiche Kameraposition wiederzufinden. Dazu wird das letzte Bild der vorherigen Aufnahme schemenhaft in das Kamerabild eingeblendet. Dieses Symbol wird erst angezeigt, wenn bereits ein Clip vorhanden ist, an den angeschlossen werden kann.

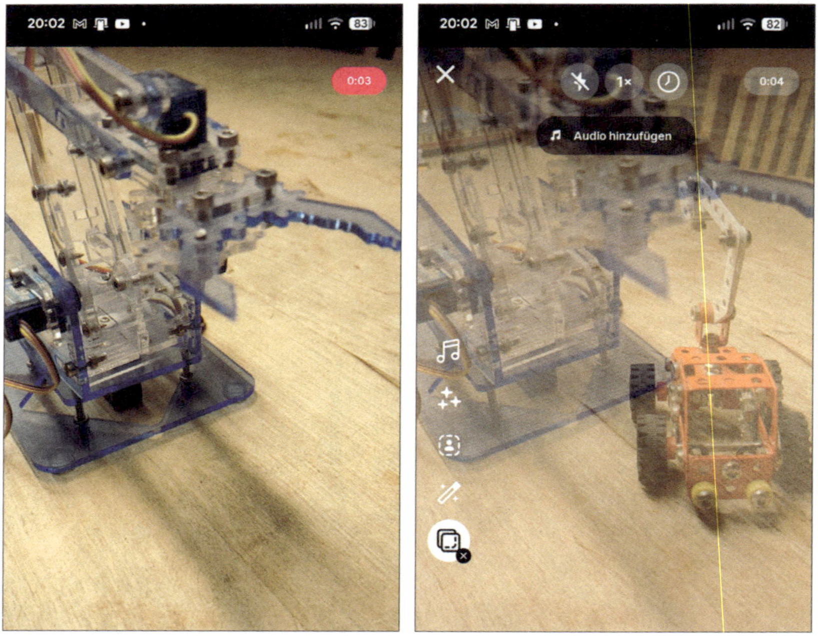

Kameraposition an vorherigem Clip ausrichten

Mit dem Symbol *Weiter* kommen Sie zum Video-Editor, der auch beim Posten von Videos verwendet wird. Hier können Sie das Reel wie jedes andere Video weiterbearbeiten. Zum Schluss wählen Sie noch ein Titelbild aus, schreiben einen kurzen Beschreibungstext und veröffentlichen dann das Reel.

Reels remixen

Benutzer können Reels anderer User remixen und dann in ihrem eigenen Profil veröffentlichen.

1. Während Sie ein Reel ansehen, tippen Sie unten rechts auf das Menü mit den drei Punkten und dann auf das Symbol *Remixen*.
2. Das Video wird in den Video-Editor geladen, dort können Sie es schneiden, Sticker, Texte oder Effekte sowie weitere Videoclips hinzufügen. Im remixten Video kann der Originalton oder ein eigener Audiokanal abgespielt werden.
3. Nachdem alles fertig ist, veröffentlichen Sie das Video in den Reels und optional auch in Ihrem Feed. Wie bei anderen Beiträgen können Sie auch hier Personen oder Produkte markieren und einen Standort angeben.

Remixen unerwünscht?

Möchten Sie nicht, dass andere Benutzer Ihre Videos remixen, können Sie in den Instagram-Einstellungen unter *Teilen und wiederverwenden* das Remixen von Reels oder Feed-Videos unterbinden.

Videos in der Story

In der Story können Sie nicht nur auf dem Smartphone gespeicherte Videos veröffentlichen, sondern auch mit der Story-Kamera direkt ein Video für die Story aufnehmen.

Am unteren Bildschirmrand neben dem Auslöser finden Sie verschiedene Effekte, die in Echtzeit über die Aufnahme gelegt werden können.

Video für die Story aufnehmen; links: Effekte, rechts: Layout

Boomerang wiederholt bestimmte Sequenzen eines Videos automatisch.

Video-Layouts spielen mehrere Videos gleichzeitig auf dem Bildschirm ab. Die Videos werden nacheinander aufgenommen. Unterschiedliche Layouts stehen zur Auswahl.

Live-Video

Mit Live-Videos gehen Sie »auf Sendung« und übertragen live, was Sie gerade tun. Die Zuschauer können Textkommentare abgeben, auf die Sie dann während der Sendung eingehen können.

> **Einschränkung für Live-Videos**
> Instagram hat kürzlich Einschränkungen für Live-Videos eingeführt. Nur noch öffentliche Profile mit mindestens 1.000 Followern können Live-Videos senden.

1. Wählen Sie in der Story-Kamera ganz unten den Modus *Live* und tippen Sie auf den Kameraauslöser, um das Live-Video zu starten.
2. Mit den Symbolen unten wechseln Sie zwischen Haupt- und Frontkamera oder legen Effekte über das Video.
3. Die Follower werden automatisch in der Instagram-App benachrichtigt, dass ein Live-Video startet. Der Live-Status wird auch am Profilbild angezeigt.
4. Follower können über diese Meldung oder durch Antippen des Profilbildes in der Story-Leiste das Live-Video sehen.

5. Wer das Video betrachtet, kann über das Chat-Eingabefeld unten Kommentare abgeben. Der Sender des Live-Videos kann entweder direkt im Video darauf antworten oder ebenfalls über das Chat-Fenster schreiben.
6. Nachdem Sie das Live-Video beendet haben, können Sie es im *Live-Archiv* speichern. Lokal auf das Smartphone herunterladen ist nur bis zu einer bestimmten Größe des Videos möglich.

Videochat

Instagram bietet ähnlich wie zum Beispiel WhatsApp oder Telegram eine Möglichkeit, miteinander zu telefonieren und sich per Video gegenseitig zu sehen. Die Verbindung erfolgt über das Internet und nicht über das Telefonnetz, kostet also keine Telefonminuten und funktioniert auch im WLAN.

Tippen Sie im Chat mit einer Person oder Gruppe rechts oben auf das Symbol mit der Videokamera. Ist der Gesprächspartner gerade online, zeigt das Kamerasymbol einen grünen Punkt.

Links: eingehender Videoanruf, rechts: Videochat mit Effektfilter

Die andere Person erhält eine Benachrichtigung auf dem Smartphone, ähnlich wie bei einem eingehenden Anruf. Hier können Sie den Videoanruf direkt annehmen oder ablehnen.

Auf dem ganzen Bildschirm sehen Sie Ihren Chat-Partner, in einem kleinen Fenster das eigene Bild.

Mit den Symbolen unten schalten Sie Kamera und Mikrofon kurzfristig aus und wieder ein. Ein grüner Punkt rechts oben zeigt in jeder App, wenn Kamera oder Mikrofon aktiv sind.

Mit dem Doppelpfeilsymbol wechseln Sie zwischen Front- und Hauptkamera. Das rote Telefonsymbol rechts oben beendet das Videogespräch.

Über die Symbole in der Symbolleiste am linken Bildschirmrand legen Sie Effekte und Filter über Ihr eigenes Bild.

Mit dem Personensymbol laden Sie weitere Personen in die Gesprächsrunde ein.

Über das Menü mit den drei Punkten sehen Sie eine Liste aller Teilnehmer im Chat und können einen Link zum Chat erstellen, um weitere Teilnehmer einzuladen.

Videos im Chat gemeinsam betrachten

Instagram lebt von Fotos und bietet deshalb eine Möglichkeit, innerhalb eines Chats mit Freunden Bilder und Reels gemeinsam anzusehen.

Tippen Sie auf das Bild- und Videosymbol, erscheint eine Liste von Beiträgen, die Ihnen gefallen. Hier können Sie auch auf gespeicherte Beiträge, Vorschläge und Reels umschalten. Wählen Sie ein Bild oder Reel aus, wird dieses allen Teilnehmern im Chat angezeigt. Tippen Sie einfach in das Bild, wird die Symbolleiste wieder angezeigt und Sie können ein weiteres Bild wählen.

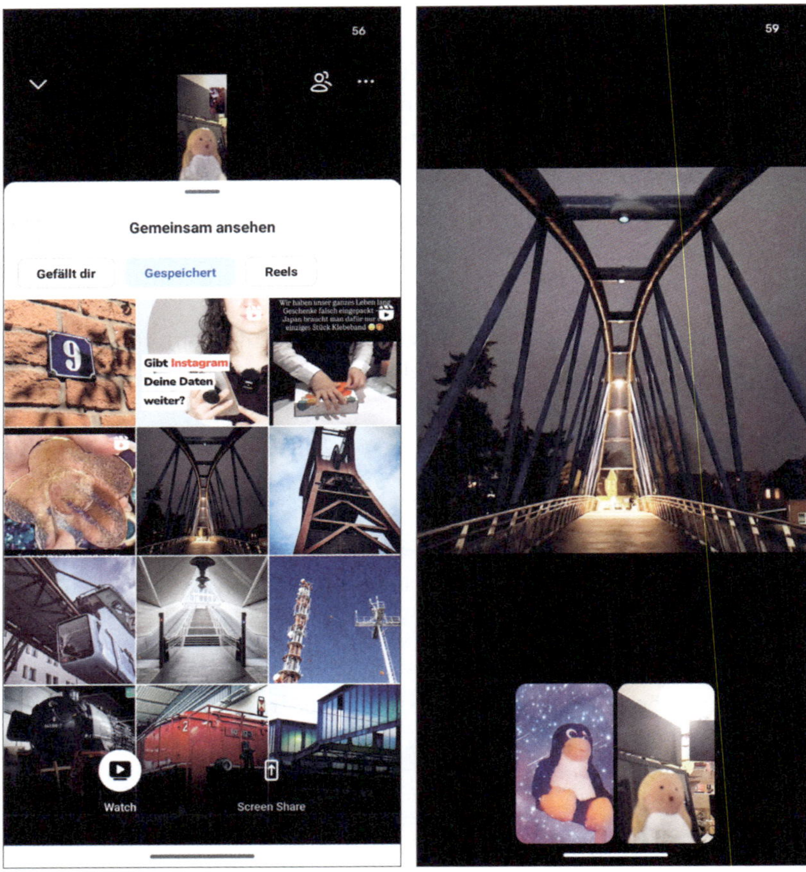

Bilder gemeinsam ansehen

8. Nützliche Tipps und Tricks

Eine alte Administratorenweisheit sagt: 90 % der Anwender nutzen nur 10 % der Funktionen eines Programms. Möchten Sie zu den übrigen 10 % gehören, finden Sie in diesem Kapitel sicher noch den einen oder anderen Tipp.

Die KI Meta AI in Instagram

Meta AI, die KI von Meta, dem Konzern, der hinter Facebook, WhatsApp und auch Instagram steht, ist in diesen Apps an mehreren Stellen integriert. Vergleichbare KI-Chats wie ChatGPT, Google Gemini oder Microsoft Copilot sind wesentlich bekannter, aber nicht so leicht verfügbar, da sie eigene Apps oder eine Anmeldung auf ihren Webseiten benötigen.

Meta AI als Chatpartner antwortet auf allgemeine Fragen

Meta AI ist ein sogenannter KI-Chatbot, eine virtuelle Person, mit der man sich unterhalten kann, verschiedene Fragen stellen kann und dann Antworten darauf bekommt. Meta AI wird auf der Nachrichtenseite von Instagram ganz oben als neuer Kontakt angezeigt.

Das Chatten mit einer KI funktioniert ähnlich wie das Chatten mit Freunden. Allerdings chattet man hier mit einem Computerprogramm, das darauf trainiert ist, Text basierend auf eingegebenen Daten zu generieren. Diese Programme nutzen maschinelles Lernen und künstliche neuronale Netze, um Muster in Daten zu erkennen und darauf basierend Antworten zu formulieren. Wenn ein Benutzer eine Frage stellt, analysiert die KI diese Eingabe, sucht nach relevanten Informationen in ihrer Datenbank und generiert eine Antwort, die möglichst gut der Absicht des Benutzers entspricht. Fragt der Benutzer nach einer Antwort der KI noch mal nach oder präzisiert seine Frage, antwortet die KI in einem sinnvollen Kontext, wobei die erste Frage und die bereits gegebene Antwort berücksichtigt werden.

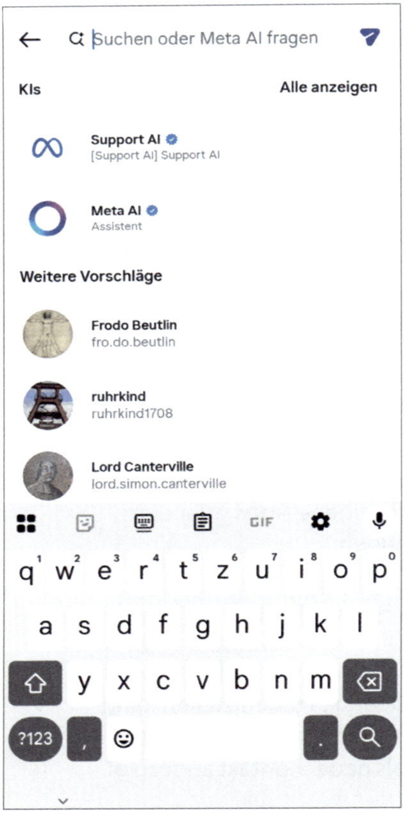

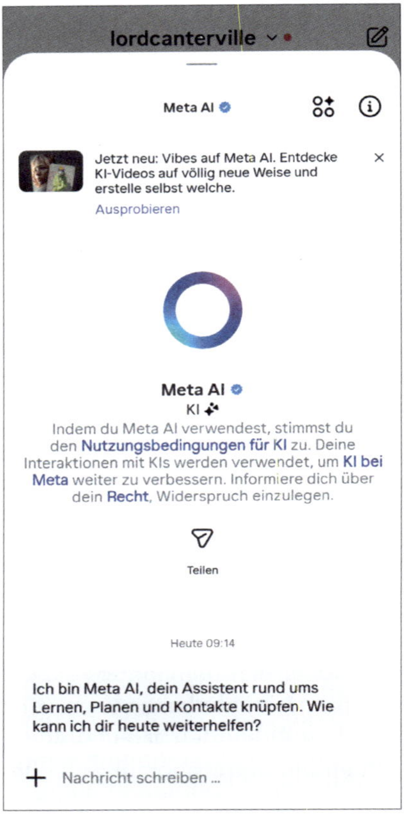

Meta AI als Chatpartner in Instagram

Um eine Frage an Meta AI zu stellen, fragen Sie einfach im Chat mit Meta AI oder geben Sie die Frage oben in das Suchfeld auf der Nachrichtenseite von Instagram ein. Dieses Suchfeld kann auch weiterhin zur Suche nach Stichwörtern in Chats oder nach Kontakten genutzt werden. Um herauszufinden, was Meta AI alles leisten kann, fragen wir sie einfach selbst: »Wie kann Meta AI in Instagram helfen?«

Soweit die Theorie. In der Praxis sieht es noch etwas anders aus. Alle KI-Chatbots befinden sich derzeit – und voraussichtlich auch in den nächsten Jahren – noch in einer Trainingsphase. KI erstellt gute fantasievolle Texte, geht es aber um sachliche Fakten, zeigt Meta AI wie auch alle anderen KI-Chatbots deutliche Schwächen.

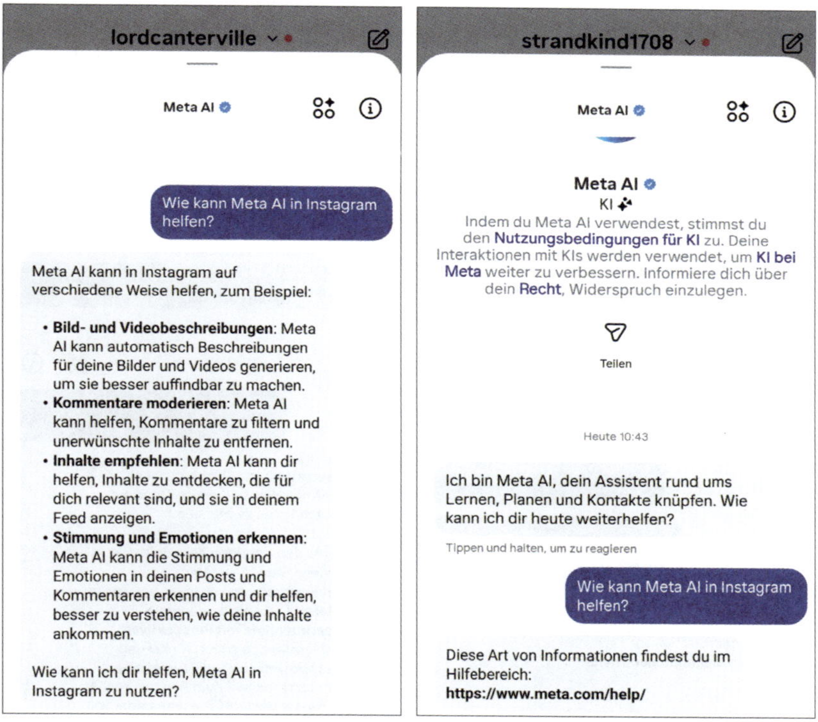

Meta AI ist launisch und antwortet auf die gleiche Frage nicht immer mit der gleichen Antwort

Quellen prüfen und Fakten lieber selbst recherchieren

Ein paar einfache Beispiele aus dem Alltag zeigen, wie Meta AI bei fachlichen Fragen teilweise erheblich danebenliegt, weil es der KI zurzeit noch deutlich an Fachwissen oder auch dem sogenannten gesunden Menschenverstand mangelt.

Fragt man Meta AI beispielsweise nach Öffnungszeiten des Fahrkartenschalters an einem deutschen Kleinstadtbahnhof, erscheint ein Ergebnis, das auf den ersten Blick zwar plausibel klingt, sich dann aber als falsch herausstellt. In diesem Fall gibt Meta AI sogar eine Quelle an, die zur Ursache des Fehlers führt. Kein Mensch würde die Webseite einer englischen Ticketverkaufsagentur nach Öffnungszeiten in Deutschland durchsuchen, wo doch die Seiten der Deutschen Bahn als Betreiber der meisten Bahnhöfe alle derartigen Informationen zuverlässig liefern. Meta AI scheint das nicht zu wissen und kann – wie viele KI-Chats zurzeit – offensichtlich nicht zwischen seriösen und unseriösen Quellen unterscheiden.

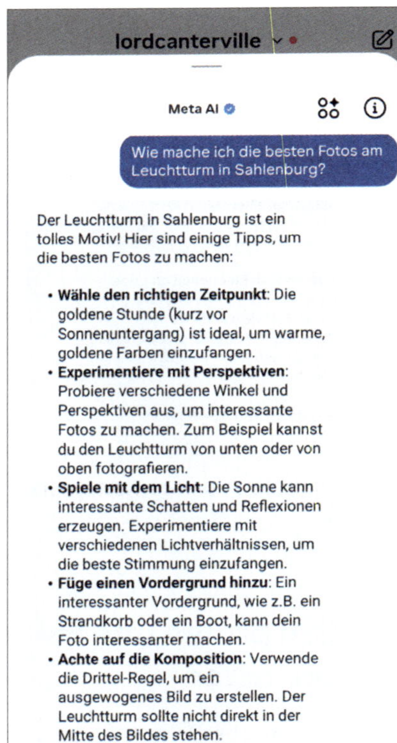

Der Screenshot links zeigt, dass Meta AI manchmal auch die Reihenfolge der Nachrichten im Chat durcheinanderbringt

Ein weiteres Beispiel aus der Urlaubswelt – ein sehr beliebtes Thema bei Nutzern für KI-Anfragen – zeigt, wie ansprechende Formulierungen mangelhaftes Fachwissen kaschieren: »Wie mache ich die besten Fotos am Leuchtturm in Sahlenburg?« Diese Frage bezieht sich auf Fotografie als zentrales Thema in Instagram. Meta AI weiß darauf auch eine Antwort, die sachlich formuliert Kompetenz ausstrahlt. Allerdings passt diese Antwort auf so ziemlich jedes Fotomotiv, und Meta AI scheint nicht zu wissen, dass es in Sahlenburg gar keinen Leuchtturm gibt.

Immer kritisch hinterfragen

Bevor Sie einem Text von Meta AI oder auch einem anderen KI-Chatbot glauben oder diesen gar für irgendetwas weiterverwenden, stellen Sie kritische Nachfragen, überprüfen die angegebenen Quellen oder befragen eine seriöse Internetseite.

Meta AI generiert Bildbeschreibungen

Meta AI kann – zumindest in der Theorie – Bildbeschreibungen anhand des Inhalts von Bildern erzeugen. Beim Erstellen einer Bildbeschreibung taucht nach wenigen Wörtern der Button *Umformulieren* auf. Tippen Sie darauf, sollte Meta AI drei Textvarianten vorschlagen. In der Praxis funktioniert das nur selten. Meist erscheint eine Meldung *Da ist leider was schiefgelaufen*.

Besser funktioniert es im Chat mit Meta AI. Laden Sie über das Plussymbol links unten im Eingabefeld ein Bild in den Chat hoch und fragen Sie nach einer Bildbeschreibung. Der Text wirkt meist etwas künstlich formuliert. Man sieht ihm seinen KI-Ursprung an. Auch die automatisch generierten Hashtags wirken manchmal sehr weit hergeholt oder zu allgemeingültig. Ob die Beschreibung brauchbar ist und das Motiv und die Intention Ihres Fotos wirklich beschreibt, müssen Sie selbst beurteilen. In vielen Fällen erkennt Meta AI das Motiv des Bildes einigermaßen gut. Sie sollten den Text natürlich in jedem Fall überprüfen. Im abgebildeten Beispiel handelt es sich um ein Feuerwehrauto und nicht um einen Traktor.

Kopieren Sie den Text aus dem Chat in die Bildbeschreibung und überarbeiten Sie diese vor dem Absenden.

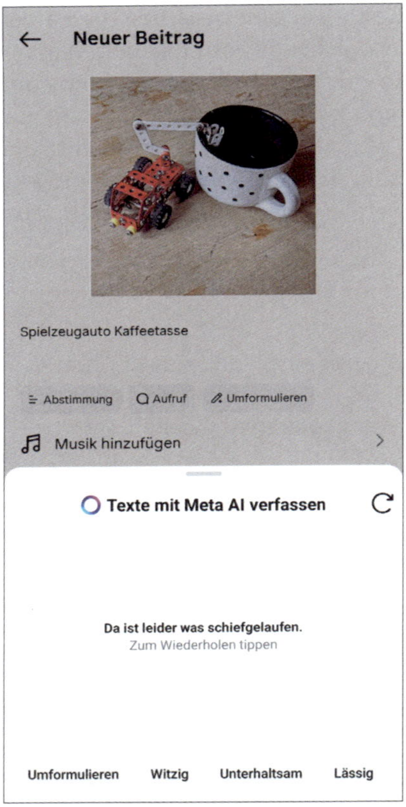

Links: Versuch einer Bildbeschreibung mit Meta AI, rechts: Bildbeschreibung im Chat erstellen

Bilder mit Meta AI erzeugen

Meta AI kann im Chat aus einem Text-Prompt auch selbst Bilder erzeugen. Beschreiben Sie den Inhalt des Bildes möglichst genau. Sollte das Ergebnis nicht Ihrer Erwartung entsprechen, geben Sie Anweisungen, wie das Bild verändert werden soll.

Auch bei Bildern gilt: Meta AI kann sehr fantasievolle und auch realistisch wirkende Bilder erzeugen; wenn Fachwissen gefragt ist, versagt sie meistens, aber nicht immer. Das letzte KI-Bild in diesem Kapitel zeigt ein Gegenbeispiel.

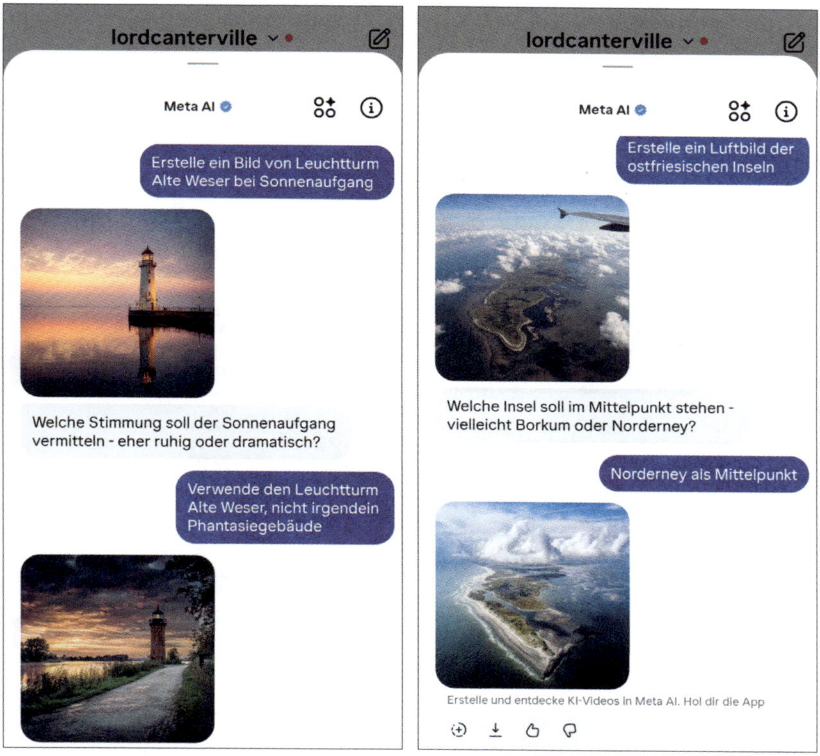

Versuche, realistische Bilder zu erzeugen, scheitern manchmal auch bei einer zweiten Nachfrage

Meta AI kennt zwar einige bekannte Gebäude, hat aber nicht die geringste Ahnung von der Vielfalt der deutschen Leuchttürme, von denen jeder einzigartig und sofort zu erkennen ist.

Auch beim Erstellen von Luftbildern tut sich Meta AI offensichtlich schwer, und das auch in Zeiten, in denen Luftbilder bei Google Maps und anderen Quellen einfach zur Verfügung stehen. Die Nachfrage erwähnt zwar die größten Ostfriesischen Inseln Borkum und Norderney, Meta AI ist aber trotzdem nicht in der Lage, ein realistisches Bild einer dieser Inseln zu erzeugen.

Nicht immer kann Meta AI mit einer Nachfrage wirklich etwas anfangen. Manchmal hilft es, den gleichen Prompt noch einmal zu stellen.

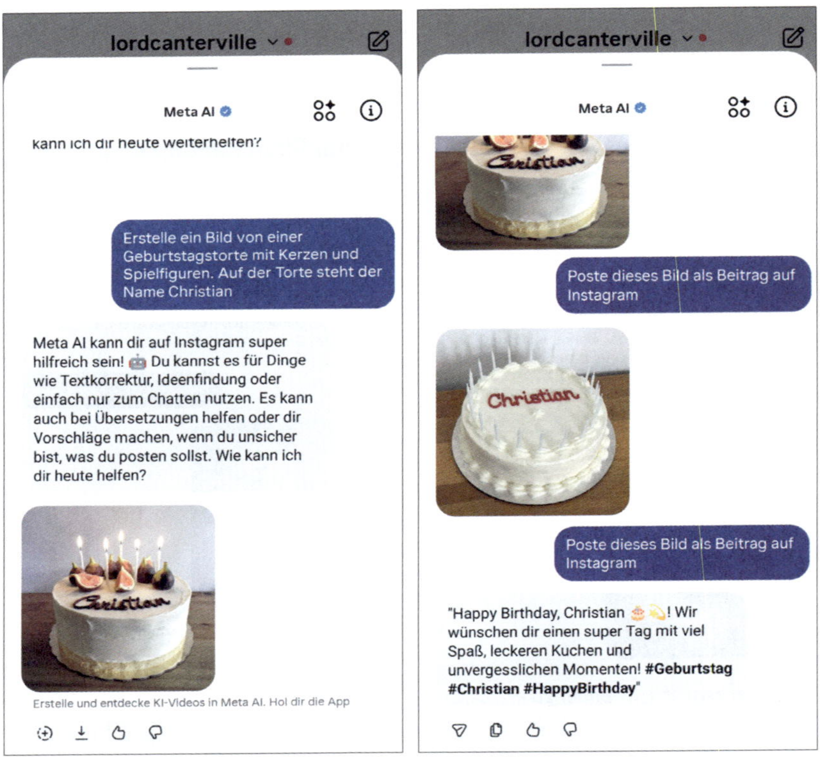

Meta AI kann noch keine Bilder direkt auf Instagram posten

Warum Meta AI statt der gewünschten Spielfiguren frische Feigen auf die Torte gelegt hat, bleibt unklar. Beim zweiten Versuch fehlen diese – wie auch die Spielfiguren. Der Aufforderung, das Bild direkt auf Instagram zu posten, scheint Meta AI nicht nachkommen zu können. Es wird aber immerhin eine Bildbeschreibung generiert, die Sie per Zwischenablage übernehmen und nach Überarbeitung posten können.

In vielen Fällen macht Meta AI selbst Vorschläge, wie ein Bild noch verändert werden könnte, macht dann aber manchmal auch unerwartete Änderungen im folgenden Bild. Im nächsten Beispiel schlägt Meta AI vor, das Mädchen könne ein Selfie vor der Telefonzelle machen. Lässt man dieses Bild generieren, sieht auf den ersten Blick alles richtig aus. Bei genauerem Hinsehen hat sich das Mädchen auf einmal in einen asiatischen Typ verwandelt, die Farbe der Stulpen an den Schuhen hat sich geändert und die Ärmel des Kleides wurden abgeschnitten – Kleinigkeiten, schließlich entspricht die Telefonzelle ja auch nicht ihrem Vorbild aus den 70er-Jahren in Deutschland.

Links: Mädchen in einer Telefonzelle, rechts: junge Frau am Strand

Beim Generieren von Menschen zeigt sich Meta AI öfter etwas eigenwillig und arbeitet offensichtlich nach amerikanischen Moralvorstellungen, wo schon ein Bikini gefährlich ist – zumindest das Wort, nicht das Bild.

Im Beispiel der jungen Frau am Strand trägt diese, wie für Strände typisch, einen Bikini. Versucht man aber, explizit ein Bild einer Frau mit Bikini zu erzeugen, findet Meta AI eine Ausrede, dieses Bild nicht erstellen zu wollen. Ob die im Bild angefragte Stiländerung funktioniert oder nicht, ist eher zufällig und hat nur selten mit dem Bildmotiv zu tun.

Vorsicht Fakes!

Glauben Sie nicht alles, was Sie auf Instagram oder in anderen Medien sehen, schon gar nicht scheinbare Sensationsmeldungen. Hinterfragen Sie alles! Meta AI ist durchaus in der Lage, Fake-Bilder zu erstellen, die erstaunlich realistisch aussehen.

Links: von Meta AI generiertes Bild, rechts: echtes Foto

Der Prompt »Großbrand in der Hamburger Elbphilharmonie« erzeugte ein Bild, das mit nur wenigen kleinen Änderungsfragen, die Wetter und Perspektive korrigieren sollten, schon gut für eine Schlagzeile sorgen könnte. Im Gegensatz zu den Leuchttürmen aus einem früheren Beispiel wurde die Elbphilharmonie sehr detailgenau abgebildet, wie ein echtes Foto im Vergleich zeigt.

KI-Label

In Zeiten, in denen immer mehr KI-generierte Bilder, Videos und Texte veröffentlicht werden, kann man kaum noch einem Foto trauen, ob die abgebildete Szene oder gar Personen echt sind. Daher sollten KI-generierte Inhalte als solche gekennzeichnet werden. Instagram selbst schreibt dazu: »Das Kennzeichnen von mit KI generierten oder veränderten Inhalten schafft Transparenz und Vertrauen.« Beim Veröffentlichen eines Beitrags können Sie ein KI-Label hinzufügen und damit den Beitrag als mit KI erstellt kennzeichnen. In einigen Fällen ist diese Kennzeichnung auf Instagram verpflichtend. Kommt Meta AI zum Einsatz, werden betreffende Beiträge automatisch gekennzeichnet. Nähere Informationen finden Sie über den Link bei *KI-Label hinzufügen* beim Veröffentlichen von Beiträgen.

Stil in der Story

Meta AI kann Bildinhalte verändern sowie den Stil eines Bildes. Hinter dem unscheinbaren Button *Stil ändern* im Story-Editor verbergen sich mächtige KI-Tools, mit denen sich unter anderem Objekte dem Bild hinzufügen oder störende Objekte aus dem Bild entfernen lassen. Ausführliche Hinweise dazu finden Sie in Kapitel 6 im Abschnitt »Bilder und Videos für die Story nachbearbeiten«.

Profilbild ändern

Für viele Nutzer ist das Profilbild das wichtigste Element des eigenen Profils. Ändern Sie dieses nach Lust und Laune, nach Tagesstimmung oder Jahreszeit. Bedenken Sie dabei aber, dass viele Freunde eher auf das Bild achten, als den Namen zu lesen, und Sie mit einem anderen Profilbild möglicherweise nicht so schnell wiedererkennen.

1. Beim Ändern des Profilbildes geht das alte verloren. Tippen Sie in der Profilansicht auf *Profil bearbeiten*.
2. Tippen Sie auf dem nächsten Bildschirm auf das Profilbild. Jetzt können Sie Ihr Facebook-Profilbild importieren oder aber auch ein auf dem Smartphone gespeichertes Foto als neues Profilbild festlegen.
3. Wählen Sie einen kreisförmigen Ausschnitt auf dem Foto, der als Profilbild verwendet werden soll.

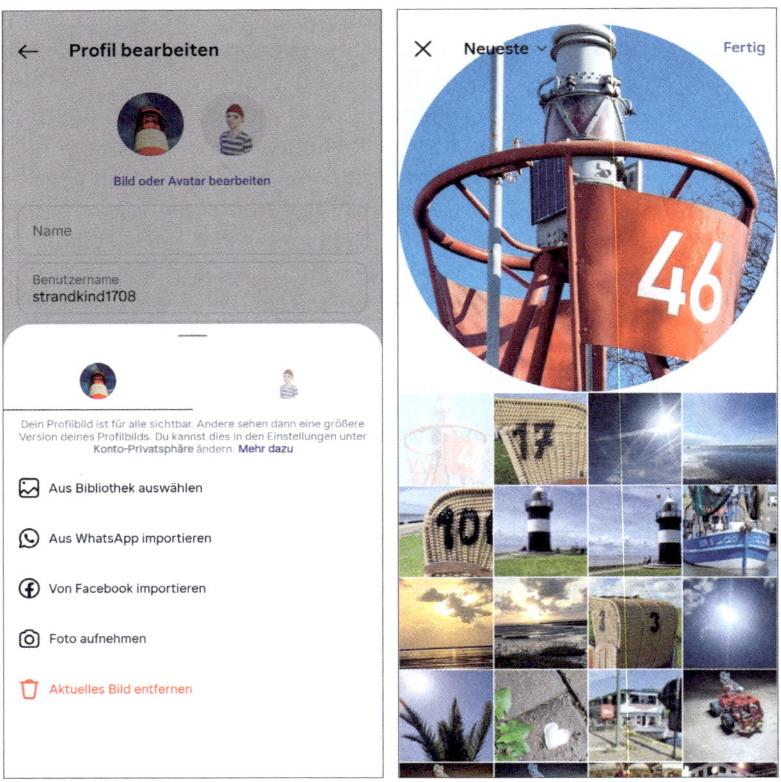

Bild zuschneiden und als neues Profilbild festlegen

4. Tippen Sie oben rechts auf *Fertig*, um Ihr neues Profilbild im Profil zu speichern. Jeder, der Ihre Bilder betrachtet, und auch Ihre Chat-Kontakte bekommen es ab sofort zu sehen.
5. Auf der gleichen Seite können Sie auch Ihren Profiltext, der von Instagram inzwischen, wie von der Community schon lange, als *Bio* bezeichnet wird, ändern und einen Link auf die Webseite einfügen.

Namen lieber nicht ändern
Im eigenen Profil sind auch der Name und der Benutzername gespeichert. Beides sollten Sie nicht ändern, da dies nur zu Verwirrungen bei den Followern führt und das eigene Profil Popularität kosten kann.

Avatare in Instagram nutzen

Statt mit einem einfachen Profilbild können Sie sich selbst mit einem Avatar noch persönlicher darstellen. Dieser Avatar ist eine virtuelle Person, die als Profilbild, aber auch in Form von Stickern zum Ausdruck verschiedenster Gefühlsregungen verwendet werden kann. Auf der Seite *Profil bearbeiten* legen Sie sich selbst einen solchen Avatar an. Dabei können Sie Figur, Haut- und Haarfarbe, Kleidung sowie verschiedene Accessoires auswählen. Der Avatar lässt sich auch jederzeit verändern.

Aus dem Avatar wird automatisch eine eigene Palette an Stickern erzeugt, die Sie wie alle anderen Sticker in Chats nutzen können.

Texte automatisch übersetzen

Bei englischen Bildbeschreibungen und Kommentaren, wie auch bei einigen anderen Sprachen, erscheint automatisch ein Link *Übersetzung anzeigen*. Hier können Sie sich den Text auf Deutsch anzeigen lassen. *Original anzeigen* schaltet wieder zurück. Möchten Sie einem Chat-Partner in dessen Muttersprache schreiben oder antworten, können Sie eigene Texte vor dem Absenden mit dem Google Übersetzer automatisch übersetzen lassen, der in die Tastatur integriert ist.

1. Tippen Sie auf das Symbol oben links über der Tastatur und blenden Sie die Symbolleiste ein, falls stattdessen Wortvorschläge angezeigt werden.
2. Tippen Sie auf das Google-Übersetzer-Symbol. Wählen Sie dann die Ausgangs- und Zielsprache und geben Sie einen Text ein. Dieser erscheint in der Textzeile oberhalb der Tastatur. Im Text wird gleich die Übersetzung eingetragen.

3. Sollte das Symbol in der Symbolleiste nicht vorhanden sein, tippen Sie länger auf die Symbolleiste und ziehen es aus dem Bereich der inaktiven Symbole nach oben.

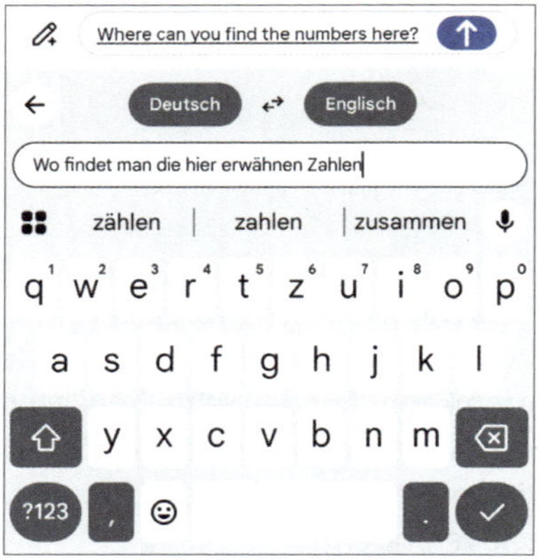

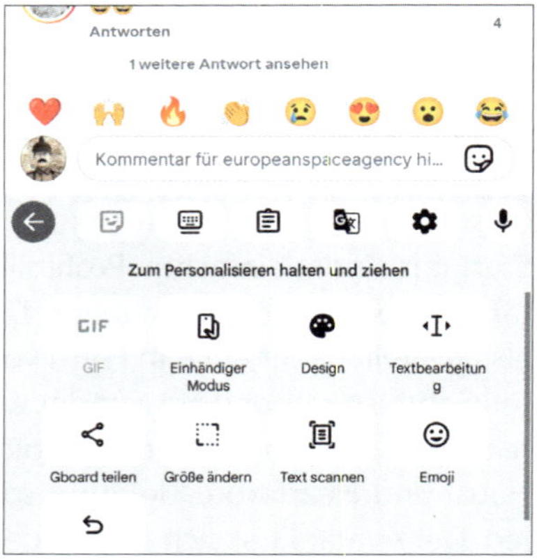

Links: Google Übersetzer über der Tastatur, rechts: Tastatursymbol für Google Übersetzer aktivieren

Qualität der Übersetzung

Zur Veröffentlichung fremdsprachiger Texte ist der Google Übersetzer wie jede andere Art automatischer Übersetzung völlig ungeeignet. Besonders bei Sprachen, bei denen man nicht einmal den leisesten Hauch einer Ahnung hat, was ein Text bedeutet, kann eine automatische Übersetzung aber durchaus hilfreich sein. In einem Chat sollte man seine Chat-Partner darauf hinweisen, dass die Texte automatisch übersetzt wurden.

+++ SO GEHT'S AUF DEM IPHONE +++

Diese Funktion ist auf dem iPhone nicht verfügbar.

App-Shortcuts

Die Instagram-App unterstützt die sogenannten App-Shortcuts. Hier erscheinen wichtige Funktionen der App als Symbole, wenn Sie auf dem Startbildschirm oder in der App-Liste länger auf das App-Symbol tippen.

App-Shortcuts der Instagram-App

1. Tippen Sie auf eines dieser Symbole, wird direkt die jeweilige Funktion der Instagram-App aufgerufen, etwa um die Kamera zu starten, Aktivitäten anzuzeigen, einen neuen Beitrag zu erstellen oder eine Nachricht zu schreiben.
2. Ziehen Sie eines der Symbole auf den Startbildschirm, können Sie es dort einfach wie ein App-Symbol antippen, um die jeweilige Funktion der App aufzurufen. Das Symbol lässt sich wie jedes andere App-Symbol frei verschieben oder auch wieder entfernen.

+++ SO GEHT'S AUF DEM IPHONE +++

Tippen Sie länger auf das Instagram-Symbol, können Sie direkt aus dem Menü in das Instagram-Benutzerkonto wechseln, Benachrichtigungen ansehen, einen neuen Beitrag erstellen oder die Story-Kamera starten. Shortcuts direkt auf den Startbildschirm zu legen, ist auf dem iPhone nicht möglich.

Benachrichtigungen

Instagram lässt bei jeder eingehenden Nachricht einen Ton erklingen. Außerdem kann die LED des Smartphones leuchten. Dazu muss das Smartphone LED-Benachrichtigungen unterstützen, was bei den meisten modernen Geräten der Fall ist. In den *Einstellungen* der Instagram-App unter *Wie du Instagram nutzt/Benachrichtigungen* können Sie genau festlegen, bei welchen Ereignissen Instagram Sie benachrichtigen soll. Bei Beiträgen, Storys und Kommentaren können Sie dabei auch zwischen Nachrichten von Followern oder allen Instagram-Nutzern unterscheiden.

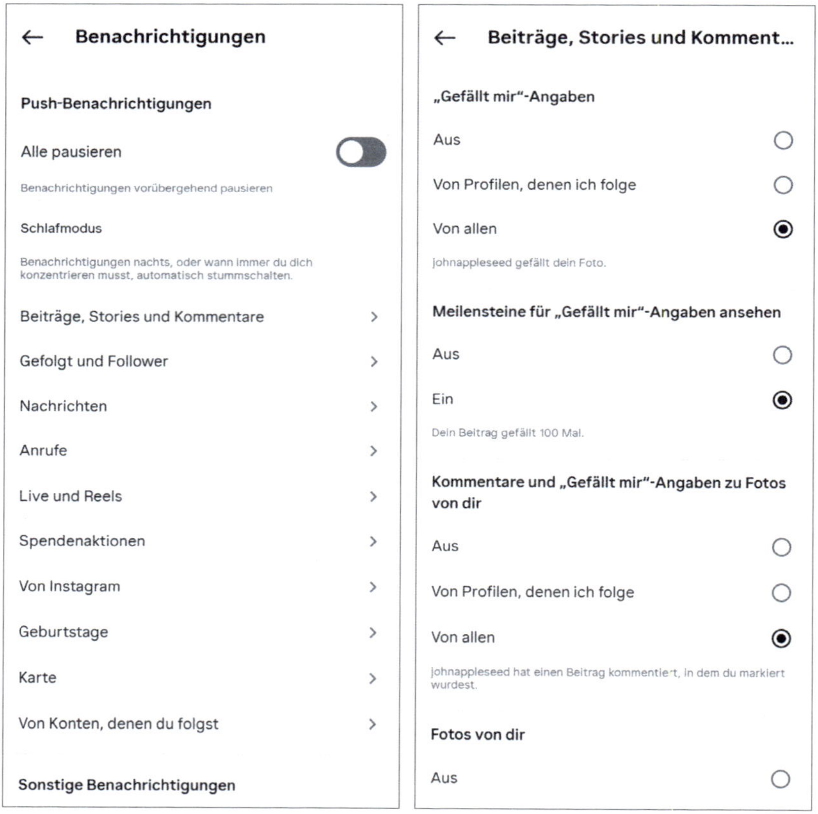

Benachrichtigungen in Instagram festlegen

Mit dem Schalter *Alle pausieren* stoppen Sie alle Benachrichtigungen von Instagram, ohne jede Benachrichtigungskategorie einzeln ausschalten zu müssen. So können Sie auch jederzeit die zuvor eingerichteten Benachrichtigungen wieder aktivieren.

+++ SO GEHT'S AUF DEM IPHONE +++

Die Einstellungen für Benachrichtigungen finden Sie auch hier in den Instagram-Einstellungen unter *Wie du Instagram nutzt/Benachrichtigungen*. Da das iPhone keine Benachrichtigungs-LED hat, können dafür auch keine Farben gewählt werden. Unterschiedliche Prioritäten für Benachrichtigungen gibt es auf dem iPhone nicht. In den iOS-Einstellungen unter *Mitteilungen* legen Sie für jede App fest, ob Mitteilungen auf dem Sperrbildschirm, in der Mitteilungsliste oder als Banner angezeigt werden.

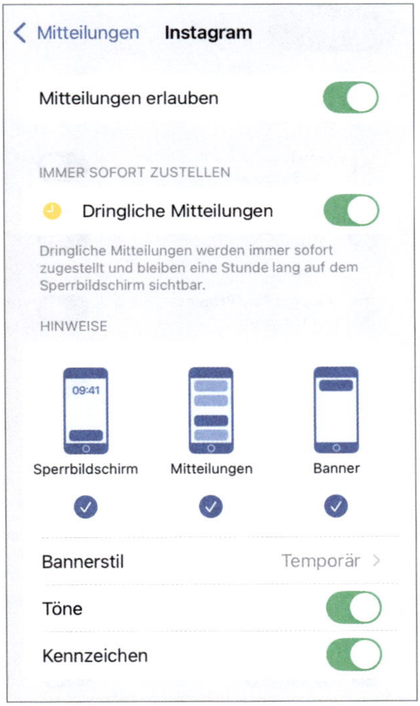

Was tun, wenn Instagram nicht benachrichtigt?

Prüfen Sie zuerst, ob in den Einstellungen von Android unter *Benachrichtigungen/App-Benachrichtigungen* der Schalter bei Instagram aktiviert ist.

Der Datensparmodus von Android spart zwar Datenvolumen, aber verhindert, dass Apps im Hintergrund Daten erhalten. So bemerkt Instagram nicht, wenn neue Nachrichten eintreffen. Außerdem kann für viele Apps die Hintergrunddatennutzung im Mobilfunknetz komplett deaktiviert sein. Achten Sie darauf, dass in den *Einstellungen* unter *Apps/Instagram/ Mobile Datennutzung* die Hintergrunddaten erlaubt sind.

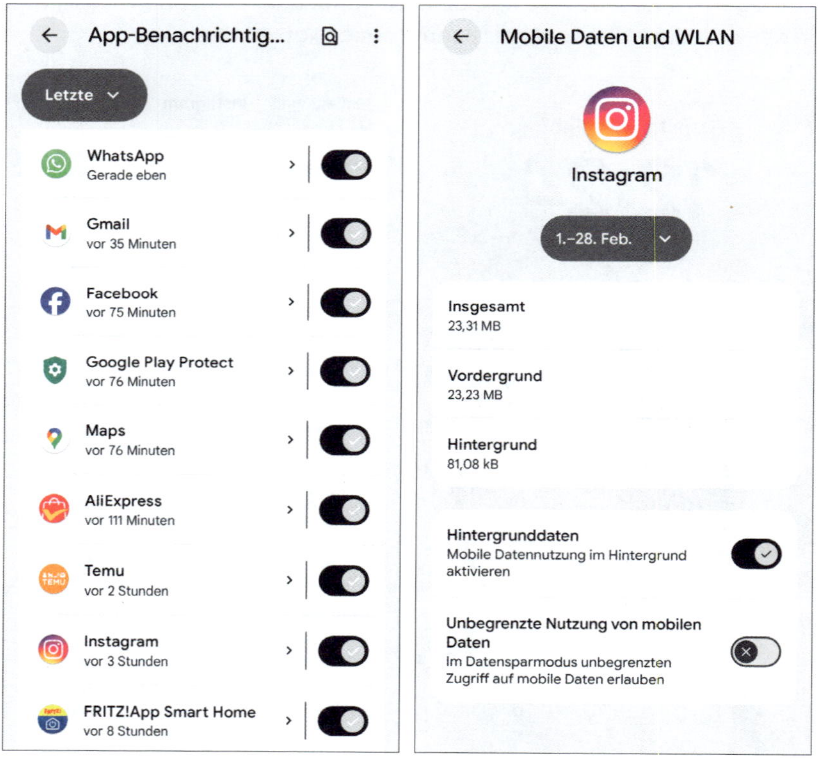

Links: Benachrichtigungen für Apps zulassen, rechts: Hintergrunddaten für Instagram zulassen

Der Datensparmodus wird über die Kachel *Datensparmodus* oder in den *Einstellungen* unter *Netzwerk & Internet/Datensparmodus* aktiviert und durch ein Symbol in der Statusleiste oben rechts angezeigt.

Tippen Sie auf die Zeile *Uneingeschränkter Datenzugriff*, um Instagram auch im Datensparmodus die uneingeschränkte Datennutzung zu ermöglichen. Die Carrier Services und Google-Play-Dienste haben standardmäßig uneingeschränkten Datenzugriff, da andernfalls einige andere Apps nicht zuverlässig funktionieren würden.

Instagram-Fotos automatisch nach Google Fotos sichern

Auf jedem aktuellen Android-Smartphone ist Google Fotos installiert. Damit können Sie die Instagram-Fotos leicht auf jedem PC betrachten.

1. Tippen Sie in der Google-Fotos-App oben rechts auf Ihr Profilbild und dann auf *Sicherung/Geräteordner sichern*. Schalten Sie hier den Ordner *Instagram* ein.
2. Melden Sie sich im Browser auf dem PC bei photos.google.com mit Ihrem Google-Konto an, sehen Sie außer den Fotos von der Smartphone-Kamera jetzt auch Ihre Instagram-Fotos.

Google speichert die Fotos nicht nach Ordnern getrennt. Deshalb erscheinen Instagram-Bilder und eigene Fotos alle nebeneinander.

+++ SO GEHT'S AUF DEM IPHONE +++

Standardmäßig werden alle Bilder auf dem iPhone auch in der iCloud gespeichert. Dazu muss nur in den iPhone-Einstellungen unter *Apps/Fotos* der Schalter *iCloud-Fotos* aktiviert sein. Eine Auswahlmöglichkeit, einzelne Ordner zu synchronisieren, gibt es hier nicht.

Neuen Ort zu Instagram hinzufügen

Instagram nutzt für die Ortsvorschläge beim Veröffentlichen von Beiträgen im Newsfeed das Kartenmaterial von Facebook. Möchten Sie einen Ort in einem Beitrag angeben, den Instagram noch nicht kennt, fügen Sie diesen in der Facebook-App hinzu.

1. Tippen Sie in Facebook auf das Feld *Was machst Du gerade?*, so als würden Sie einen neuen Beitrag erstellen. Tippen Sie oberhalb des Beitrags auf das Symbol *Orte*.
2. Geben Sie den gewünschten Ortsnamen ein und prüfen Sie, ob Facebook ihn wirklich nicht findet, eventuell auch mit anderen Schreibweisen. Tippen Sie dann unten auf *"Ort" hinzufügen*.
3. Geben Sie jetzt einen Namen für den Ort und optional auch die Adresse und Stadt ein, wenn gleichnamige Orte an mehreren Adressen existieren.
4. Auf dem nächsten Kartenausschnitt legen Sie fest, wo dieser Ort ist. Am einfachsten geht das, wenn Sie sich gerade dort befinden. Dann können Sie direkt den Standort übernehmen.
5. Anschließend können Sie den neuen Ort direkt als Beitrag posten.
6. Nach dem Anlegen eines Ortes in Facebook kann es ein paar Minuten bis Stunden dauern, bis dieser Ort in den Ortslisten zur Auswahl angeboten wird.

Instagram funktioniert in öffentlichen WLANs (manchmal) nicht

Bei Nutzung öffentlicher WLANs kommt es immer wieder vor, dass Instagram meldet, es könne keine Verbindung hergestellt werden. Die meisten öffentlichen WLANs benötigen eine Browser-Anmeldung, wo auf einer speziellen Anmeldeseite die Nutzungsbedingungen bestätigt werden müssen, obwohl das WLAN nach außen offen und unverschlüsselt erscheint. Besonders häufig tritt das Problem bei Telekom-HotSpots auf, da es hier kostenpflichtige und freie gibt, die alle die gleiche SSID verwenden. Melden Sie sich auf der Anmeldeseite an, können Sie danach Instagram über das WLAN nutzen. Funktioniert diese Anmeldung nicht, versuchen Sie, ein anderes WLAN zu verwenden.

Mehrere Instagram-Konten auf einem Smartphone

Lange Zeit konnte man bei Instagram, ähnlich wie bei WhatsApp, auf einem Smartphone nur ein einziges Benutzerkonto anmelden. Einige Hersteller von Dual-SIM-Geräten bieten eigene Möglichkeiten, Apps mit zwei Konten auf einem Gerät zu nutzen. Derartige Umwege sind bei Instagram nicht mehr nötig, seit die App selbst die Option bietet, mehrere Konten anzumelden.

1. Tippen Sie länger auf das Profilsymbol rechts unten in der Instagram-App. Hier können Sie weitere Konten hinzufügen, mit denen Sie sich anmelden möchten.
2. An dieser Stelle können Sie sich mit den Benutzerdaten eines vorhandenen Kontos anmelden oder auch ein neues weiteres Konto anlegen.

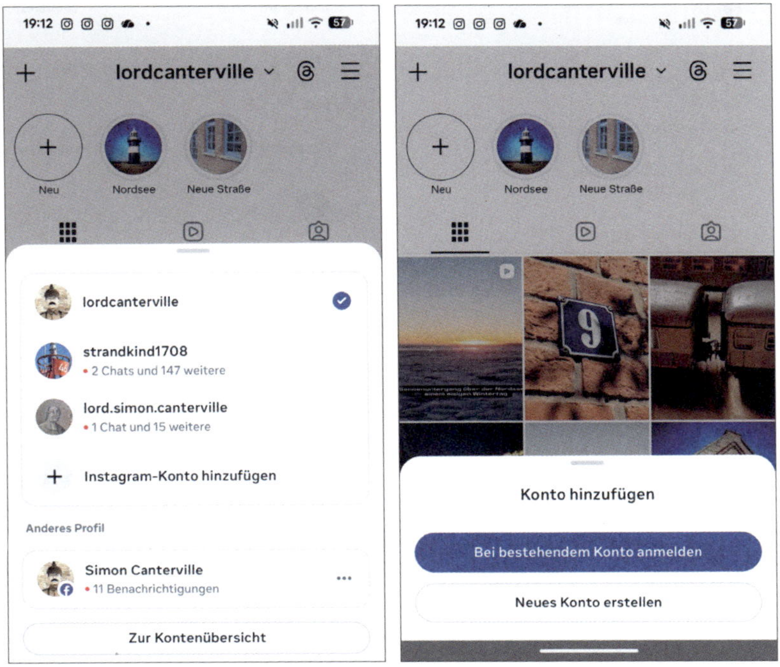

Anmeldung bei mehreren Konten

Automatische Anmeldung in mehreren Konten

Mit der Anmeldung in einem Instagram-Konto können Sie sich automatisch in weiteren eigenen Konten anmelden. Dazu muss das zusätzliche Konto in der Kontenübersicht des eigenen Kontos eingetragen werden. Diese finden Sie ganz oben in den *Einstellungen*.

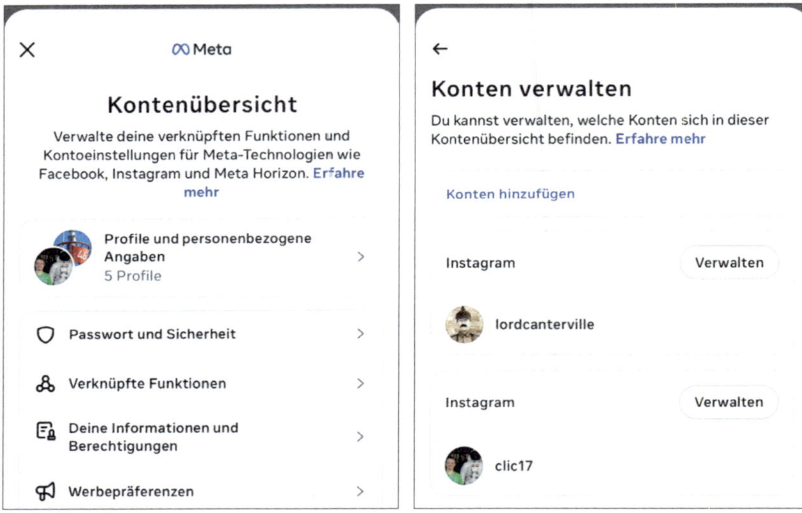

Konten zur automatischen Anmeldung in der Kontenübersicht eintragen

In anderen Konten gleichzeitig veröffentlichen

Beiträge können automatisch in mehreren Instagram-Konten und auch auf Facebook veröffentlicht werden. Nachdem die zusätzlichen Konten in der Kontenübersicht eingetragen sind, können Sie dort unter *Verknüpfte Funktionen/Profilübergreifendes Teilen* festlegen, welche Inhalte profilübergreifend geteilt werden sollen. Vor dem Veröffentlichen können Sie bei jedem Beitrag noch auswählen, ob dieser wirklich in anderen Profilen geteilt werden soll.

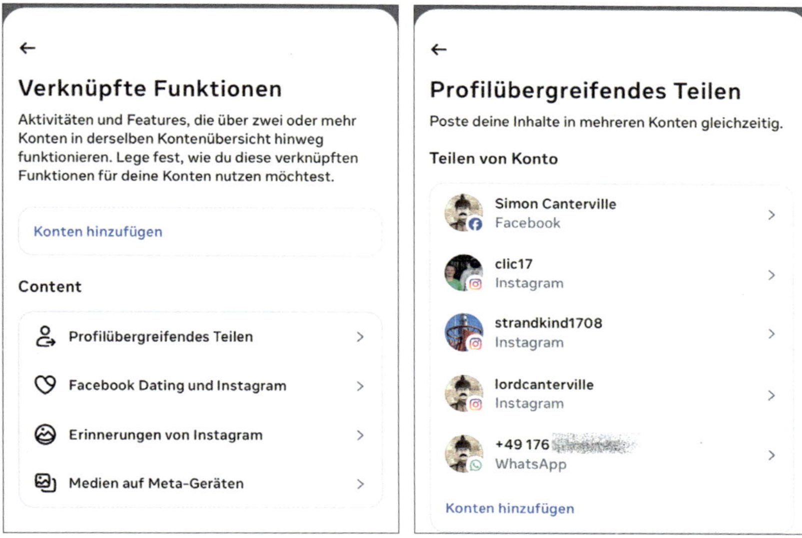

Profilübergreifendes Teilen

Wichtige Einstellungen

Viele Einstellungen in Instagram wurden im Laufe dieses Buches schon erwähnt. Einige interessante Einstellungen verbergen sich allerdings noch in den Tiefen der Menüs.

Dunkles Design

Der helle Smartphone-Bildschirm strengt die Augen an, außerdem lässt sich besonders auf OLED-Bildschirmen mit dunklem Hintergrund erheblich Strom sparen.

Android bietet seit Version 10 die Möglichkeit, vom hellen auf dunkles Design mit weißer Schrift umzuschalten. Unabhängig von der Systemeinstellung kann in den Instagram-Einstellungen unter *Bedienhilfen/Nachtmodus* ein dunkles oder helles Design gewählt werden. In der Grundeinstellung übernimmt Instagram die Systemeinstellung.

+++ SO GEHT'S AUF DEM IPHONE +++

iOS unterstützt ab iOS 13 ein dunkles Design. Dieses kann in den Systemeinstellungen unter *Anzeige und Helligkeit/Erscheinungsbild* eingestellt werden und gilt dann für alle Apps. Instagram hat in der iOS-Version keine eigenen Einstellungen für das Design.

Daten sparen

Instagram unterwegs zu nutzen, verbraucht viel Datenvolumen. Besonders beim Betrachten hochauflösender Fotos und Videos kann man schnell an die Grenzen des gebuchten Mobilfunk-Datenvolumens kommen.

In den Einstellungen von Instagram unter *Deine App und deine Medien/ Datennutzung und Medienqualität* findet sich der *Data Saver*. Schalten Sie diesen ein, um Videos nicht automatisch herunterzuladen, sondern erst beim Antippen abzuspielen. Außerdem können Sie an dieser Stelle für Bilder und Videos mit hoher Auflösung festlegen, dass diese nur per WLAN heruntergeladen werden.

Passwort ändern

Haben Sie den Verdacht, jemand hätte Ihr Passwort herausbekommen, sollten Sie es schnellstmöglich ändern. In den *Einstellungen* unter *Kontenübersicht/Passwort und Sicherheit* legen Sie in Ihrem Benutzerprofil ein neues Passwort fest. Dazu muss einmal noch das aktuelle Passwort eingegeben werden. Auch ohne Verdacht empfiehlt es sich, von Zeit zu Zeit das Passwort zu ändern, um Betrugsversuche zu verhindern. Sollten Sie Ihr Passwort vergessen haben, können Sie es über Facebook zurücksetzen.

Trolle und Spammer auch bei Instagram

Leider gibt es auch bei Instagram Menschen, die mit ihren Kommentaren andere Menschen beleidigen, bedrohen oder einfach nur nerven. In solchen Fällen können Sie bestimmte Interaktionen für Ihr Profil einschränken und in besonderen Fällen betreffende Personen auch bei Instagram melden.

Kommentare einschränken

Werden Ihre Beiträge oft beleidigend oder mit unangemessener Werbung kommentiert, können Sie in den *Einstellungen* unter *Wie andere mit dir interagieren können/Kommentare* nur Followern das Kommentieren erlauben oder Kommentare bestimmter Personen blockieren. Unter *Wie andere mit dir interagieren können/Unerwünschte Begriffe/Kommentare verbergen* bietet Instagram auch einen automatischen Spamfilter, der potenziell beleidigende Kommentare automatisch verbirgt.

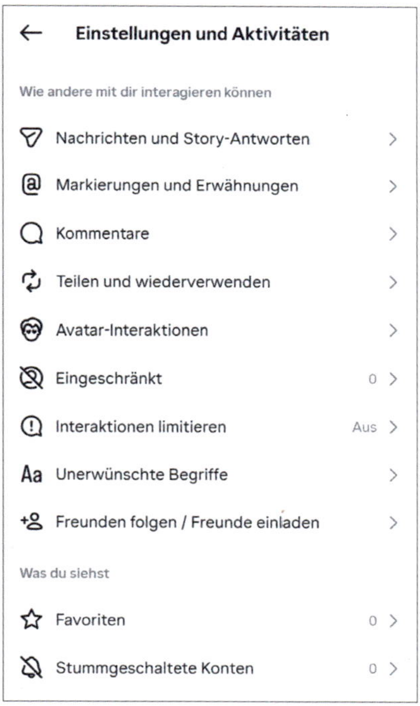

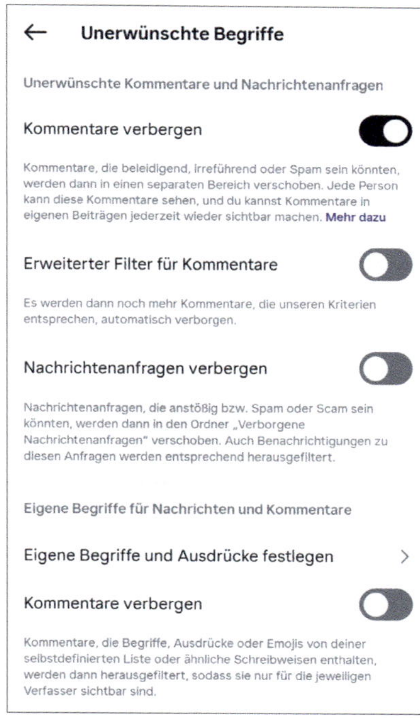

Kommentare einschränken

Auch Markierungen und Erwähnungen durch andere Personen lassen sich auf Personen, denen Sie folgen, einschränken. Bei den Markierungen sehen Sie hier auch, auf welchen Beiträgen Sie selbst markiert sind.

Privates Konto

Möchten Sie nicht, dass jeder Ihre Fotos sieht, können Sie Ihr Konto in den Instagram-Einstellungen unter *Wer deine Inhalte sehen kann/ Konto-Privatsphäre* auf privat setzen. In diesem Fall muss jeder neue Abonnent erst bestätigt werden. Nur Abonnenten sehen die eigenen Fotos privater Konten.

Unerwünschte Personen blockieren und Spam melden

Niemand muss sich von einer anderen Person beschimpfen, beleidigen oder bedrohen lassen. Sollte dies doch vorkommen, hat Instagram vorgesorgt.

- Versucht eine unbekannte Person zum ersten Mal, Ihnen eine Nachricht zu schicken, müssen Sie diese nicht annehmen. Sie können die Person gleich an dieser Stelle blockieren.

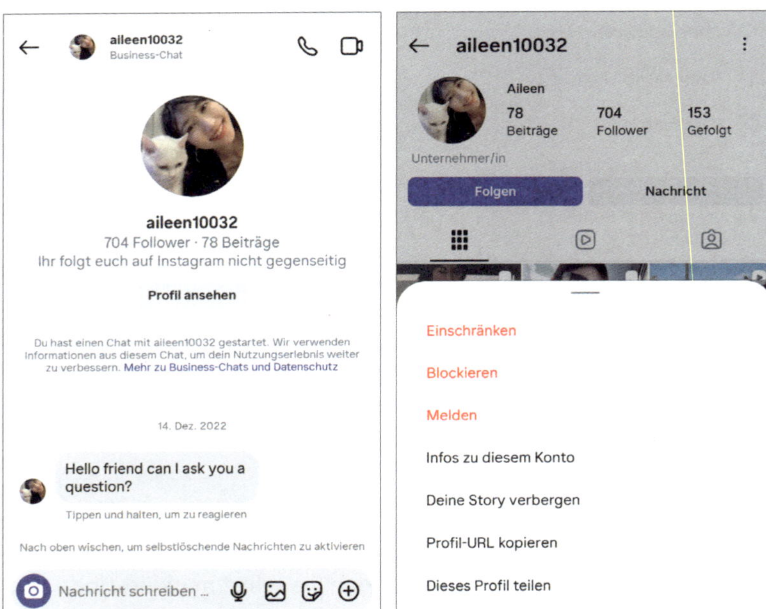

Spammer blockieren oder bei Instagram melden

- Haben Sie eine Person zum Chatten angenommen und schickt diese später unerwünschte oder gar drohende Nachrichten, tippen Sie oben rechts im Chat auf *Profil ansehen*. Tippen Sie auf der Profilseite oben rechts auf das Menüsymbol mit den drei Punkten und dann auf *Blockieren*. Damit blockieren Sie diese Person, sie kann Ihnen keine Nachrichten mehr schicken und Sie auch nicht anrufen.
- In den Instagram-Einstellungen unter *Wer deine Inhalte sehen kann/Blockierte Konten* finden Sie eine Liste der blockierten Konten. Hier können Sie einzelne Personen später wieder freigeben.
- In besonders schlimmen Fällen können Sie eine Person in den Profildetails als Spam oder gefährlich melden. Instagram wird der Sache nachgehen, was dazu führen kann, dass diese Person aus Instagram ausgeschlossen wird.

Instagram auf Android-Smartphones ohne Google Play Store

Seit dem US-amerikanischen Handelsembargo gegen China haben viele neue Smartphones von Huawei keinen Zugang zum Google Play Store mehr. Das Gleiche gilt auch für Smartphones aus chinesischer Produktion für den dortigen Inlandsmarkt, was aber nicht bedeutet, dass auf diesen Geräten keine Apps installiert werden können. Auch Smartphones mit Android-CustomROMs wie zum Beispiel LineageOS haben keinen Google Play Store vorinstalliert. Auf diesen Geräten funktioniert auch der Download über den Browser von instagram.com nicht, da diese Webseite den Google Play Store verwendet. Android bietet aber die Möglichkeit, Apps auch aus anderen Quellen zu installieren.

Uptodown (uptodown.com) ist ein unabhängiger App Store, der ausschließlich kostenlose Apps anbietet. Die Apps werden als APK-Dateien zum Download angeboten, daher können Sie den App Store direkt über den Browser aufrufen.

Zusätzlich bietet Uptodown auch eine eigene App an. Diese hat den Vorteil, dass Updates installierter Apps angezeigt werden und auf Wunsch auch automatisch installiert werden können.

Suchen Sie in Uptodown über das Suchfeld ganz oben *Instagram* und achten Sie auch hier darauf, wirklich das Original und keine Fake-App zu installieren. Der QR-Code führt direkt zur Downloadseite für Instagram bei Uptodown. Tippen Sie auf die aktuelle Version und danach auf *Download*.

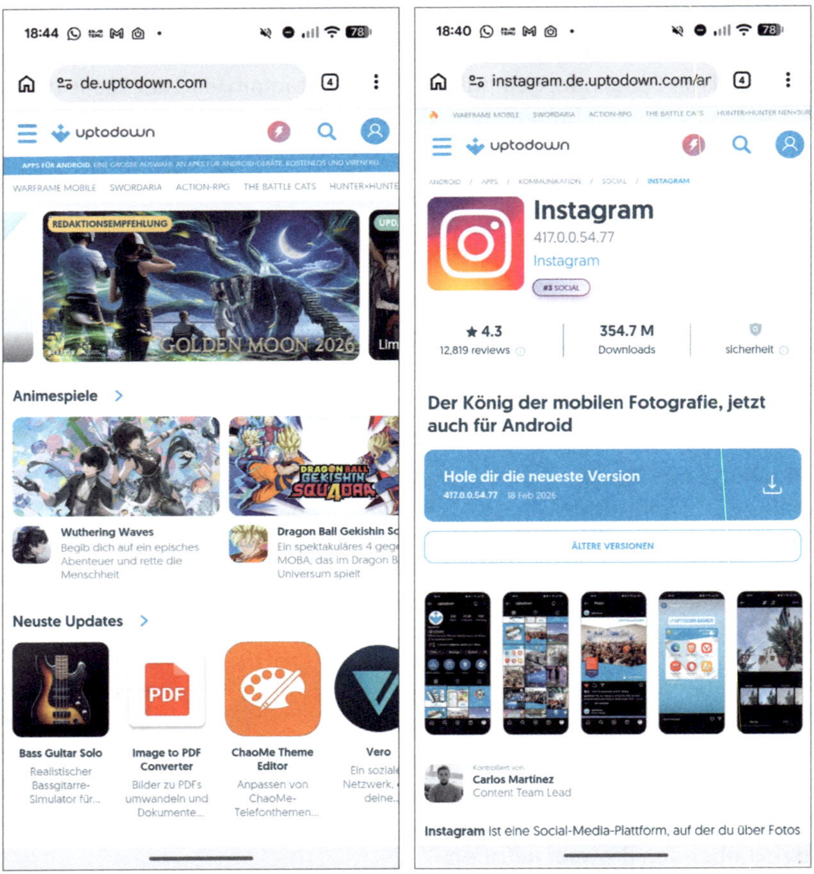

Instagram bei Uptodown finden und herunterladen

> **Vorsicht Werbung**
>
> Uptodown zeigt als werbefinanzierter Dienst auch auf den Downloadseiten Werbung an, die in manchen Fällen täuschende Download-Buttons enthält. Tippen Sie nicht auf die Werbung, sondern auf den echten Download-Button. Dieser zeigt bei Uptodown auch die Größe des Downloads an.

Ein großer Vorteil von Uptodown gegenüber anderen App Stores ist die Möglichkeit, eine App auf eine ältere Version downzugraden oder gleich eine ältere Version zu installieren, wenn die aktuelle Version Fehler, Funktionseinschränkungen oder lästige Werbung ohne wirkliche Vorteile enthält.

> **Apps aus unbekannten Quellen zulassen**
>
> Bei der ersten Installation einer APK-Datei aus einer anderen App, zum Beispiel einem Browser, erscheint ein Hinweis, dass Installationen aus unbekannten Quellen nicht zulässig sind. Direkt aus dieser Meldung besteht Zugriff auf die zugehörige Systemeinstellung, mit der man die Installation aus unbekannter Herkunft zulassen kann.
>
> Die Berechtigung zur Installation unbekannter Apps wird für einzelne Apps vergeben. Damit ist es leichter möglich, aus einem Browser oder einem App Store eines anderen Anbieters als Google Play Apps zu installieren. Die automatischen Downloads und Installationen von Werbe- und Spam-Apps aus Spielen heraus bleiben aber unterbunden.

Instagram als Marketing-Tool

Im Laufe der Zeit wurde Instagram immer mehr kommerzialisiert. Bereits seit 2013 können ausgewählte Marken auf Instagram Werbung schalten. Seit 2015 steht diese Möglichkeit jedem offen, der ein geschäftliches Instagram-Konto anmeldet. Im März 2017 meldete Instagram eine Million Werbekunden auf der Plattform, im November desselben Jahres waren es bereits zwei Millionen. Zurzeit gibt es weltweit etwa 200 Millionen Unternehmensprofile auf Instagram. 90 der 100 Top-Marken weltweit haben ein Instagram-Profil. In Deutschland haben etwa 35 % aller Unternehmen, auch Kleinunternehmen, ein Unternehmensprofil auf Instagram.

Tipps für mehr Follower

Als Erstes sollten Sie sich natürlich fragen: Brauche ich unbedingt möglichst viele Follower oder möchte ich lieber, dass meine Freunde und Leute mit ähnlichen Interessen mir folgen?

Um Follower zu bekommen – und auch zu behalten – beachten Sie ein paar wichtige Tipps:

- **Gute Bilder** – Instagram lebt von seinen Bildern. Veröffentlichen Sie hochwertige Bilder. Dabei zählt an erster Stelle das Motiv, aber auch technische Details wie Schärfe, Belichtung etc. sind ebenso wichtig wie ein interessanter Blickwinkel. Vermeiden Sie die übertriebene Verwendung von Effekten im Bild.
- **Passende Texte** – Schreiben Sie sinnvolle Bildbeschreibungen, die die Zielgruppe ansprechen und sich auch auf den Inhalt des Bildes beziehen – keine Standardtexte ohne Aussage. Korrekte Rechtschreibung und Grammatik sollten selbstverständlich sein.
- **Passendes Thema** – Posten Sie nicht wahllos, sondern bleiben Sie beim Thema Ihres Kanals. Andernfalls werden Follower schnell wieder verschwinden.
- **Regelmäßig posten** – Veröffentlichen Sie regelmäßig neue Bilder. Gibt es einmal ein paar Wochen nichts Neues, verschwinden Sie schnell aus der Aufmerksamkeit der Follower. Dabei brauchen Sie nicht täglich ein Bild zu veröffentlichen, 2–3 Beiträge pro Woche halten ein Profil aktiv.
- **Bio** – Die sogenannte Bio, der Text auf dem eigenen Benutzerprofil, sollte aussagekräftig sein. Dies ist auch die einzige Stelle, an der Sie auf Ihre Webseite verlinken können. Haben Sie auf Ihrer Webseite zum Beitrag passende Informationen oder haben Sie möglicherweise den Beitrag sogar eigens dafür gepostet, auf diese Webseite hinzuweisen, schreiben Sie in den Text »Link in der Bio« oder Ähnliches.

- **Interaktion mit den Followern** – Instagram ist keine einseitige Präsentation wie zum Beispiel Fernsehen. Antworten Sie sachlich auf Kommentare unter einem Beitrag. Sollte jemand dort eine Frage stellen, antworten Sie darauf. Sie können auch in den Beiträgen Fragen an die Leser stellen. Wenn Sie Umfragen oder ein Quiz in Ihrer Story verwenden, informieren Sie die Follower in einem Beitrag über die Ergebnisse.

Hashtags

Hashtags sind ein wichtiges Element in Instagram – nach den Bildern wahrscheinlich sogar das wichtigste.

- **Sinnvolle Hashtags** – Verwenden Sie sinnvolle Hashtags, die die Zielgruppe kennt und möglicherweise bereits abonniert hat.
- **Eigene Hashtags** – Große Firmen erfinden für Kampagnen eigene Hashtags, ohne dass der Firmenname darin enthalten ist. Für private Nutzer ergibt es keinen Sinn, Hashtags zu erfinden. Betrachtern der Beiträge wird sofort auffallen, dass es dazu nur eine Handvoll Beiträge gibt, die auch im Wesentlichen von einem einzigen Profil stammen.

Deutsch oder Englisch?

Viele deutsche Instagramer stellen sich die Frage, soll man auf Deutsch oder auf Englisch posten? Darauf lässt sich keine eindeutige Antwort geben. Sprechen Sie die Sprache Ihrer Zielgruppe. Das betrifft einerseits die Auswahl, ob Deutsch oder Englisch, andererseits die Wortwahl und typische Ausdrucksweisen. Haben Sie internationale Follower, denken Sie immer daran, dass auch diese wissen, in welchem Land Sie leben. Bei deutschsprachigen Beiträgen wundern sich Franzosen über die seltsame Sprache, bei englischsprachigen Beiträgen dagegen belächeln Briten das schlechte Englisch.

Was man nie tun sollte

- **Immer die gleichen Hashtags** – Verwenden Sie nicht in jedem Beitrag ziellos die gleichen Hashtags. Sie sollten auf jeden Fall zum Beitrag passen.

- **Mitbewerber** – Verwenden Sie keine Hashtags, die eindeutig einem Mitbewerber zuzuordnen sind. Dies mag ein Versuch sein, Besucher von Mitbewerberprofilen anzulocken. Diese werden den faulen Trick schnell merken und Ihrem Profil für immer den Rücken kehren.
- **Zu viele Posts** – Posten Sie nicht zu oft. Viele Nutzer sind genervt, wenn in ihrer Timeline zu viele Beiträge eines einzelnen Profils hintereinander auftauchen.
- **Bilder von anderen** – Veröffentlichen Sie nur Bilder, an denen Sie das Urheberrecht haben. Instagram bietet zwar die Möglichkeit, Bilder von anderen sehr einfach in eigene Storys oder Beiträge einzufügen. Allerdings sollten Sie diese Personen immer zuvor um Erlaubnis fragen.
- **Übermäßig viele Profile abonnieren** – Manche Leute, besonders Firmen, abonnieren wahllos unzählige Benutzerprofile und erhoffen sich damit, dass diese ihnen ebenfalls folgen. Kurz danach werden sie meistens wieder aus den Abonnenten entfernt. Dieses unseriöse Verhalten werden aber viele Nutzer bemerken, was dann ein schlechtes Bild auf die betreffende Firma in der Community wirft.
- **Bots und Scripts** – Im Internet findet man verschiedene Bot-Apps oder Skripte, die automatisch Beiträge liken oder gar Kommentare veröffentlichen. Allerdings sind solche Kommentare leicht als Fake zu erkennen, und die betroffenen Autoren der Beiträge werden dem Kommentator nicht mehr folgen und ihn möglicherweise sogar blockieren.

Produkte auf Instagram kaufen

Instagram bietet neben den kostenlosen Profilen für alle Nutzer auch kommerzielle Profile für Firmen an. Beiträge dieser kommerziellen Nutzer werden automatisch in der Timeline eingeblendet, auch wenn man diese Profile nicht abonniert hat.

Sie werden als *Anzeige* gekennzeichnet und enthalten unter dem Bild oft einen Link *Jetzt kaufen*, *Jetzt installieren*, *Mehr dazu* oder Ähnliches, die auf eine spezielle Seite des Anbieters verweisen, wo in vielen Fällen das beworbene Produkt gekauft werden kann. Private Nutzer haben keine Möglichkeit zur Verlinkung auf externe Seiten.

Instagram hat die ehemaligen Shop-Seiten aufgegeben und verlinkt jetzt direkt auf mobile Onlineshops der jeweiligen Unternehmen.

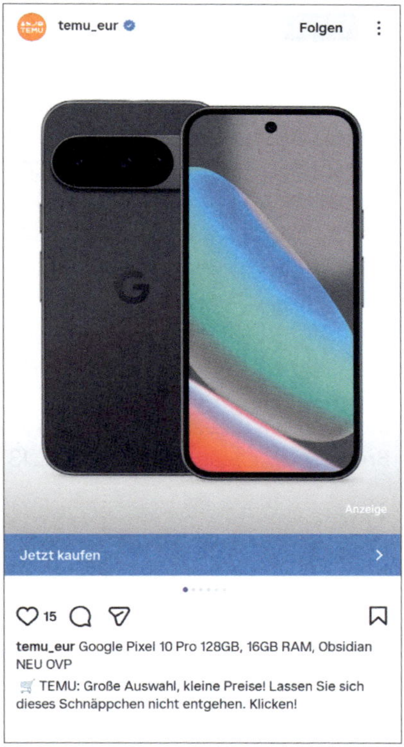

Gesponserte Beiträge mit Link »Jetzt kaufen«

In diesem Sinne viel Spaß mit Instagram.

Christian Immler und das Markt+Technik Team

H

I

K

L

M

N

O

P

Q

R

S